Marie Curie
Una vida consagrada a la ciencia

Colección dirigida por
Francisco Antón

Primera edición, 2020

Depósito Legal: B. 10.068-2020
ISBN: 978-84-682-7275-7
Núm. de Orden V.V.: OI23

© EDUARDO ALONSO
Sobre el texto literario.
© ALFONSO RUANO
Sobre las ilustraciones.
© REBECA MARTÍN
Sobre las notas y actividades.
© EDITORIAL VICENS VIVES, S.A.
Sobre la presente edición según el art. 8 del Real Decreto Legislativo 1/1996.

Obra protegida por el RDL 1/1996, de 12 de abril, por el que se aprueba el Texto Refundido de la Ley de Propiedad Intelectual y por la normativa vigente que lo modifica. Prohibida la reproducción total o parcial por cualquier medio, incluidos los sistemas electrónicos de almacenaje, de reproducción, así como el tratamiento informático. Reservado a favor del Editor el derecho de préstamo público, alquiler o cualquier otra forma de cesión de uso de este ejemplar.

IMPRESO EN ESPAÑA. PRINTED IN SPAIN.

Eduardo Alonso

Marie Curie
Una vida consagrada a la ciencia

Ilustraciones
Alfonso Ruano

Notas y actividades
Rebeca Martín

ÍNDICE

Un sueño cumplido	7
La pequeña Manya	13
La muerte entra en casa de los Sklodowski	19
La medalla de oro	25
Pacto entre hermanas	31
El primer amor	37
Estudiante en París	43

Pierre Curie	49
Experimentos con el uranio	57
El descubrimiento del radio	63
Las mieles del éxito	71
De la gloria al infierno	75
Catedrática de la Sorbona	81
Prestigio, familia y escándalo	85
Radióloga en la guerra	91
Beneficios y peligros de la radiactividad	97
Los últimos años	101
Glosario y notas	105
Actividades	113

Un sueño cumplido

La locomotora entró humeando en la Estación del Norte[1] y se detuvo al final de la vía con un chirrido estridente. Un hombre de mediana edad, bien trajeado y con el sombrero en la mano, se abrió paso entre el gentío del andén mirando con atención a los viajeros que se apeaban de los vagones. ¿Dónde estaba su cuñada? ¿Habría perdido el tren? ¡Ah, ya la veía!

–¡Manya! –exclamó.

Una muchacha con sombrero oscuro y abrigo negro de lana asomó la cabeza por la puerta del penúltimo coche. Se llamaba Maria, aunque su familia y sus amigas le daban el apelativo cariñoso de Manya. El caballero la ayudó a bajar los tres peldaños del vagón, la abrazó y recogió su equipaje.

–Bienvenida a París, cuñada.

El caballero era el marido de Bronia, una de las hermanas de Manya. Se llamaba Kazimierz Dluski, tenía treinta y seis años, y ejercía de médico en las afueras de París. Una década atrás había abandonado su Polonia natal, ocupada por los rusos desde hacía más de un siglo, para vivir en Francia.[2] Ahora Manya se disponía a seguir los pasos de Bronia y Kazimierz en París.

La muchacha había hecho casi todo el viaje desde Varsovia en un vagón de tercera clase, donde muchos pasajeros tenían que ir sentados en el suelo. Por consejo de Bronia, había llevado consigo una sillita plegable, además de un par de libros, agua, comida y una manta para abrigarse. También llevaba atada a la muñeca una bolsita con unos cientos de rublos* que había ahorrado enseñando a leer a los niños mimados de algunas familias ricas. Los pasajeros la miraban extrañados, como si se preguntaran adónde iba aquella chica solitaria y silenciosa.

Manya se había despedido de su padre y sus hermanas para recorrer, durante tres días inacabables, dos mil kilómetros de traqueteos y silbidos, humo y carbón. Hacía siete años que soñaba con ese viaje y ahora… ¡por fin estaba en París! París, la ciudad de los pintores impresionistas y los poetas bohemios, de la moda y de los espectáculos, la Ciudad de la Luz y de la ciencia, donde una chica podía matricularse en la Universidad de la Sorbona para estudiar física y matemáticas. París era la libertad.[3]

A punto de cumplir veinticuatro años, Manya dejaba atrás la infancia feliz, los veranos alegres en el campo y una adolescencia dolorosa tras la muerte de su madre y de Zofia, la hermana mayor. Decía adiós a los años de estudio en Varsovia premiados con una medalla de oro y a las lecciones de institutriz,* a las clases clandestinas* de la Universidad Volante[4] y a los gobernantes que impedían a las mujeres estudiar en la universidad. Y también decía adiós a su primer y único amor. ¡Ay, cómo le había dolido aquel fracaso sentimental! No lo olvidaría jamás.

—Ya tienes en casa el baúl y el colchón —le dijo Kazimierz—. Los trajeron hace dos días.

Desde Varsovia, Manya había facturado el equipaje básico de una estudiante sin apenas recursos: un colchón, cuatro sábanas, dos toallas, dos o tres vestidos, un par de zapatos y otro sombrero. "Aquí todo es más caro", le había advertido, protectora, su hermana.

En la calle, Kazimierz y Maria subieron a un coche de alquiler con la capota descubierta. Por las calles y bulevares* de París circulaban decenas de calesas* tiradas por caballos cuyos cascos repicaban en el adoquinado.

—A La Villette[5] —dijo Kazimierz al cochero.

Manya apenas despegó los labios durante la media hora de trayecto, pero Kazimierz habló por los dos. Le mostró a su cuñada el

Arco de Triunfo, la catedral de Notre Dame y la Torre Eiffel, con sus 300 metros de altura. La habían levantado dos años antes para la Exposición Universal de 1889, que asombró a 28 millones de visitantes con sus inventos fabulosos, como la lámpara eléctrica, el teléfono, la fotografía, el cinematógrafo, el ascensor, el primer automóvil salido de la fábrica Renault...[6]

—Ya hemos llegado —anunció el cochero.

Ante el número 92 de la calle Allemagne, en La Villette, Kazimierz pagó al cochero, recogió el equipaje y se dirigió a la casita de dos pisos que tenían enfrente. Una placa en la pared decía:

>   Dr. Dluski. Consulta de 1 a 3
>   Gratuita, lunes y jueves de 7 a 8

Los pacientes de Kazimierz eran obreros y mujeres que trabajaban en el matadero cercano. El médico, fiel al ideal revolucionario

de hacer más digna la vida de las personas necesitadas, no cobraba a los mendigos, a los ancianos ni a las mujeres desvalidas. Trece años antes, en 1878, Kazimierz era un universitario que luchaba por la revolución de la clase obrera y la libertad de Polonia. Había tenido que exiliarse cuando lo acusaron de participar en un atentado contra el zar Alejandro II.[7]

También Bronia tenía una firme conciencia social. Pasaba consulta en casa, visitaba a las embarazadas y atendía gratis a las mujeres pobres. Era ginecóloga y, en los ratos libres, preparaba su tesis doctoral sobre la lactancia materna.

—Esta es su habitación, señorita —le dijo la sirvienta a la recién llegada.

Manya vio en el suelo el colchón enrollado y su baúl con las iniciales MS en la tapa. Sí, sin duda estaba a las puertas de una vida nueva. Al día siguiente se matricularía en la Sorbona. Estudiaría física y química, se dedicaría a la investigación científica, no se volvería a enamorar, no se casaría ni tendría hijos. Si en aquel atardecer otoñal de 1891 le hubieran preguntado quién era, habría contestado sin vacilar:

—Me llamo Maria Salomea Sklodowska,[8] soy una mujer libre y voy a dedicar mi vida a la ciencia en beneficio de la humanidad.

Pese a su inteligencia y su talento, su ambición y su férrea* voluntad, difícilmente podía imaginar Manya a sus veinticuatro años, recién llegada a París, que iba a convertirse en una pionera de la física y la química, así como en el modelo e inspiración de decenas de jóvenes deseosas de cambiar, como ella, el rumbo de la ciencia.

La pequeña Manya

Un día claro de finales del verano de 1873 unos hombres corpulentos con blusón gris entraron en casa de los Sklodowski y la pusieron patas arriba.

—Zosia, vigila a Manya —dijo Bronislawa, la madre.

Zosia era la mayor de los cinco hermanos y, a sus doce años, cuidaba como una segunda madre de Manya, la pequeña, de tan solo cinco. Los polacos suelen emplear diminutivos cariñosos y, en casa de los Sklodowski, todos tenían el suyo: Zofia era *Zosia*, Józef era *Józio*, Bronislawa, *Bronia*, Helena, *Hela*, y Maria, *Manya*.

Los hombres de la mudanza envolvieron en mantas viejas el aparador* y el escritorio de caoba, cargaron con los butacones de terciopelo rojo y bajaron los muebles al carro que aguardaba en la calle.

Al volver de unas largas vacaciones en el campo, Wladyslaw, el padre, se había encontrado con la carta de despido del instituto Nowolipki y con la orden de abandonar su vivienda en el ala izquierda del edificio.

—¿Por qué tenemos que irnos, mamá? —preguntó Manya.

—Luego te lo explico, cariño —respondió Bronislawa.

—¿Y por qué no vienes tú?

—Te veré por la noche.

Manya era tímida y poco habladora, pero estaba en la edad de preguntar el porqué de todo. Dos hombres bajaban la vitrina con los útiles de física y química que el padre utilizaba en sus clases: embudos, pinzas, balanzas, tubos y pipetas* de cristal, un electroscopio,* minerales de colores…

—¿Esto qué es? —le preguntó Manya a Wladyslaw.
—Una bureta —respondió él—. No la toques.
—¿Y para qué sirve?
—Es un tubo de cristal para hacer experimentos químicos.

Física, química. Esas palabras misteriosas despertaban la curiosidad de Manya.

—No te dejes la muñeca —le advirtió su madre.

A la niña le aburría peinar y vestir muñecas, pero fue a buscar la suya y luego salió a la calle. Bronislawa había decidido enviar a los cinco niños y a la sirvienta a casa de su tía Lucja, en el barrio viejo de Varsovia. Por la noche dormirían todos en su nuevo hogar.

La madre despidió a su hija sin darle un beso. No la había besado ni abrazado desde que Manya tenía cuatro meses, cuando Bronislawa empezó a sufrir una tos seca y un preocupante dolor en el pecho. El diagnóstico del médico fue tajante: padecía tuberculosis, una enfermedad contagiosa que dañaba sobre todo los pulmones. Y aunque en la casa no hablaban de la enfermedad, la benjamina* creció sin los besos y las caricias de su madre. Con el paso de los años Manya se acostumbró a mantenerse alejada de ella y a no tocar sus cosas.

Wladyslaw Sklodowski tenía cuarenta y un años. La frente amplia, la barba negra, el traje oscuro y la corbata de nudo ancho le daban un aspecto serio. Era un hombre tranquilo, metódico y más bien reservado, pero también un buen narrador; a Manya le fascinaban tanto sus cuentos como los enigmáticos objetos de la vitrina. Wladyslaw venía de una familia de hidalgos* rurales de Sklodi —de ahí su apellido—, una comarca a cien kilómetros al norte de Varsovia. Las revueltas nacionalistas polacas arruinaron a los Sklodowski,[9] pero Wladyslaw pudo estudiar matemáticas y física en la Universidad de San Petersburgo y, recién licenciado, encontró trabajo de profesor en Varsovia. Luego conoció a Bronislawa Boguska, una chica culta, de hermosos ojos grises y buena familia, aunque sin dote.* Tres años menor que él, era maestra y dirigía una escuela privada para niñas ricas. La gente decía que formaban una pareja perfecta, si bien les faltaba una cosa: dinero. Se casaron en 1860.

Los Sklodowski se fueron a vivir a un pequeño piso de la calle Freta, junto a la muralla de Varsovia, y allí tuvieron a Józef y a sus hijas. Unos meses después del nacimiento de Maria, el 7 de noviembre de 1867, Wladyslaw obtuvo la plaza de subdirector y profesor en el instituto Nowolipki. La familia se trasladó a una casa amplia y espaciosa, y Bronislawa, no sin pesar, dejó su trabajo de maestra para ocuparse de la administración de la casa.

Cada domingo la familia se vestía con sus mejores ropas, iba a la catedral para oír misa, paseaba por la plaza del Mercado y se acercaba a la orilla del río a comprar las manzanas que vendían los campesinos. Al llegar la Nochebuena, los Sklodowski cenaban de acuerdo con la tradición. Recibían en casa a la tía Lucja y a los primos, y comían *pierogi*, raviolis rellenos de queso o de verdura fritos con mantequilla.

Para asombro de todos, Manya arrancó a leer y escribir cuando tenía cuatro años. En su primera carta a San Nicolás, lo pintó con báculo* de obispo, barbas rubias y corona de rey, y con letras sueltas le contó que se había portado bien y los juguetes que quería. Se los trajeron todos junto con un calcetín lleno de nueces.

La vida de los Sklodowski habría transcurrido plácida y sin sobresaltos si no hubiera sido por la enfermedad de Bronislawa, que adelgazaba a ojos vistas y tosía con frecuencia. Un día ella y Zosia se fueron de casa.

—¿Dónde está mamá? —preguntaba Manya.
—Ha ido a curarse —le contestaba su padre.
—¿Y Zosia?
—Está con ella.
—¿Y cuándo volverán?
—Pronto.

Manya dejó de preguntar porque siempre recibía la misma respuesta: "Mamá ha ido a curarse". Bronislawa estaba con su hija mayor en la Riviera francesa para tomar baños de mar y respirar aire puro.[10] Por desgracia, no sirvió de nada, porque cuando Bronislawa volvió a casa doce meses después estaba mucho peor, pálida como la cera, sin apetito, con una tos escalofriante y una fiebre vespertina* que la dejaba sin fuerzas. Con todo, no desfallecía:* hacía la lista de la compra, vigilaba la comida que guisaba la sirvienta y por las mañanas convertía el salón comedor en una zapatería. Manejaba con soltura tijeras, martillos, agujas, cortaba el cuero, cosía...

—¿Te gustan estas botas, Manya? —decía—. Son para ti, para que tengas calentitos los pies cuando nieve.

Algunas tardes, si estaba sola, tocaba el piano y cantaba alguna canción de moda.

A su regreso de Francia, la familia extremó las precauciones para evitar el contagio. Aún no había ninguna cura efectiva para la tuberculosis, una enfermedad que hacía estragos ya en la Antigüedad clásica. En 1882 Robert Koch descubriría el bacilo* de la tuberculosis, pero la vacuna tardaría varios años más en llegar.

El otro gran problema con el que se encontró la familia Sklodowski durante aquellos años fue el despliegue de las autoridades rusas en Varsovia. Hacía más de cien años que prusianos, austríacos y rusos se habían repartido Polonia. Los jóvenes polacos se sublevaron en 1831 y en 1863, y las dos veces fueron vencidos; a muchos de ellos los encarcelaron y a otros los deportaron a Siberia. Tras esa segunda revolución que duró dos años y fue brutalmente aplastada, un ejército de policías, inspectores, profesores y funcionarios rusos desembarcó en Polonia para vigilar a la gente, censurar periódicos y libros, y abolir el uso de la lengua polaca en las escuelas. En los años setenta la campaña de "rusificación" de Polonia se hizo tan rigurosa que ningún polaco podía ser director ni subdirector de un liceo.* ¡Hasta se prohibió rezar en polaco! Las misas eran todavía en latín, pero los sermones del domingo se predicaban en ruso o alemán.

Iwanoff, el director del instituto Nowolipki, era ruso, ocupaba la vivienda del ala derecha y velaba por que los profesores se atuvieran a las órdenes de "despolonizar" a los estudiantes. Las clases, los avisos y rótulos estaban en ruso. Wladyslaw Sklodowski era el subdirector y un profesor serio que imponía su autoridad sin castigos y sin levantar la voz; siempre se había mostrado sumiso a las autoridades rusas y se había abstenido de revelar su sentimiento patriótico. Sin embargo, Iwanoff le había tomado una especial antipatía, avivada quizás por el bullicio que hacían sus hijas en el patio de la casa cuando se vaciaba de estudiantes. Obviamente, las niñas y su hermano hablaban y gritaban en polaco, la lengua familiar.

–Profesor Sklodowski –le dijo Iwanoff a la vuelta de vacaciones–, tiene unos días para abandonar la vivienda.

La mudanza a un piso sombrío y estrecho acentuó en Manya la nostalgia de las semanas que había pasado en la granja de su tío paterno. Allí, en Zwola, al oeste de Varsovia, amasaba tortas de barro, corría detrás de las gallinas, se bañaba con sus hermanas en el río de agua fría y admiraba la destreza de su primo Marki para sacar grillos del agujero con una brizna de paja. El recuerdo de aquellas vacaciones inolvidables se vio repentinamente oscurecido por la mudanza inesperada.

La muerte entra en casa de los Sklodowski

Dos timbrazos largos y dos breves sembraron la alarma en el aula. Las veinticinco alumnas de la profesora Tupalska sacaron del cajón del pupitre el cuaderno de tareas y los libros en polaco, y se los entregaron a cinco compañeras para que los escondieran tras la puerta que daba al dormitorio de las internas. Las cinco estudiantes corrieron a sus pupitres y se pusieron a coser con aguja y dedal como las demás. Era un ejercicio de fingimiento que habían ensayado muchas veces. Instantes después se abrió la puerta del aula y apareció un señor con bigotes de cosaco,* cabeza cuadrada de bulldog francés y pantalón amarillo y casaca azul. Las niñas se pusieron de pie como impulsadas por un resorte y lo saludaron a coro.

—Buenos días, señor inspector.

Tras él entró la dueña y directora del colegio.

—Buenos días, señora Sikorska —añadieron las alumnas con docilidad.

El señor Hornberg avanzó unos pasos hacia la tarima donde estaba la maestra e hizo gestos con las manos a las niñas para que se sentaran.

—Sigan, sigan con su labor —dijo.

La profesora Antonina Tupalska sonrió a las alumnas como si quisiera recordarles el pacto inconfesable que las unía, un pacto que podía formularse así: "Niñas, vamos a engañar a este enemigo del pueblo polaco". La maestra era una mujer severa, pero se hacía querer. Daba clases de historia y álgebra* en el colegio de niñas Sikorska desde hacía años, y casi siempre hablaba en polaco, incumpliendo la ley con descaro.

El inspector Hornberg observó con satisfacción cómo cosían las alumnas. A su juicio, las mujeres polacas debían ser educadas y cultas, pero sin desatender las tareas domésticas. Los tiempos andaban revueltos. En Varsovia y otras ciudades sujetas al dominio de Alejandro II habían estallado algunos brotes de rebeldía feminista. Sus cabecillas eran muchachas que querían ejercer profesiones reservadas a los hombres e incluso matricularse en la universidad como las francesas y las inglesas, algo inconcebible en el imperio del zar.

Mientras fuera caían los primeros copos de nieve del otoño, el inspector Hornberg se acercó a la primera fila, levantó las tapas de un par de pupitres y rebuscó para ver si daba con algún libro prohibido. No encontró ninguno y subió a la tarima.

—Las niñas tienen dos horas semanales de costura —dijo en ruso la profesora Tupalska.

—Veamos cómo progresan —contestó el inspector.

Antes de que Hornberg eligiera a una alumna al azar, se adelantó la maestra.

—Maria Sklodowska —dijo—, responda a las preguntas del señor inspector.

La alumna se puso en pie. Llevaba el pelo rubio recogido en dos largas coletas y vestía el uniforme del colegio, de lana azul oscuro con el cuello blanco almidonado.* Estaba en la tercera fila, cerca del ventanal, y la luz fría de otoño iluminaba su blanca piel. ¿O es que quizá había empalidecido de miedo? Acababa de cumplir diez años, dos menos que sus compañe-

ras. La profesora Tupalska sabía que Maria no iba a fallarle, porque tenía una memoria asombrosa, hablaba ruso con una pronunciación perfecta y era la estudiante más aplicada, perfeccionista y curiosa de toda la clase, aunque también tenía algo de retraída y testaruda.

—A ver, señorita —dijo el inspector Hornberg—. ¿Cuál es el último libro que han leído en clase?

—Las fábulas de animales de Krylov.[11]

—Bien, bien. Rece una oración.

Maria recitó el padrenuestro en ruso.

—¿Quiénes fueron los zares sucesores de la gran emperatriz Catalina?

—Pablo I, Alejandro I, Nicolás I y Alejandro II.[12]

—¿Cómo se llaman los hijos de nuestro zar, el emperador de todas las Rusias?

—La gran duquesa Alejandra, el zarévich* Nicolás, la duquesa María y los grandes duques Alexei y Pablo.

—Muy bien. Tiene una pronunciación excelente —dijo complacido el inspector.

Maria seguía de pie sin moverse, como si fuera de piedra, y el inspector cuchicheó algo al oído de la directora. ¿Había terminado ya el interrogatorio? Su compañera le dio una patadita que quería decir: "Has estado estupenda, hermanita". Era Hela, orgullosa de tener una hermana tan inteligente que la había alcanzado en los estudios. El inspector bajó de la tarima y fue hacia la puerta. Las alumnas se levantaron para despedirle.

—Que tenga un buen día, señor inspector —dijeron al unísono.

En cuanto se cerró la puerta, las niñas se revolvieron en los asientos, inquietas y habladoras.

—Ven, querida —le dijo la profesora a Maria.

La niña subió a la tarima y rompió a llorar mientras la profesora la abrazaba. Maria lo había pasado muy mal, porque aborrecía hablar delante de la gente.

A la salida del colegio la tía Lucja las recogió a ella y a Hela. Hacía algún tiempo que los Sklodowski se habían mudado a una casa espaciosa para alojar a varios estudiantes en pensión completa. La familia necesitaba ese ingreso extra para llegar a fin de mes. Wladyslaw había invertido dinero en uno de los negocios de su hermano y el negocio se había ido a pique.

Con los estudiantes, sin embargo, también había entrado en el hogar de los Sklodowski la muerte. En enero de 1876 uno de los muchachos contagió el tifus* a Zosia y Bronia. A las dos les dolía la cabeza, tiritaban por culpa de la fiebre, deliraban y tenían descomposición. Un miércoles después de comer, Wladyslaw fue al colegio de sus hijas y pidió al portero que avisara a Hela y Maria. Cuando las niñas salieron, su padre les dijo gravemente:

—Venid conmigo a casa. Zosia ha muerto.

Hela y Maria vieron a su hermana mayor tendida en el ataúd y vestida de blanco, con la cara muy pálida, los ojos cerrados, las manos cruzadas sobre el pecho. Desde la estancia en Francia, Zosia había sido para Manya una segunda madre: la peinaba, la abrazaba y a veces le decía frases cariñosas en francés.

Vinieron a llevarse el ataúd. Bronia, enferma aún, se quedó llorando en la cama. Bronislawa se asomó a la ventana para darle el

último adiós a su querida hija. Maria, con abrigo y gorrito negros, iba tras el féretro junto a Józio y Hela, su padre y la tía Lucja.

Entre tanto, la enfermedad de la madre se había recrudecido.* Bronislawa pasaba mucho tiempo en cama y desde allí daba instrucciones a la criada. Solo salía de casa para ir a la iglesia con Hela y Maria. Se postraba en el reclinatorio* y permanecía allí sin moverse un buen rato.

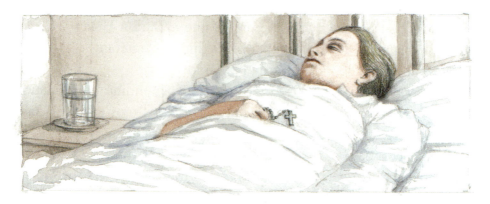

Finalmente, en mayo de 1878, Bronislawa no quiso ver más al médico. En el umbral de la muerte, reunió a su familia y a la criada alrededor de la cama. Respiraba con dificultad y su débil mirada se posó en todos, de uno en uno. Sonrió por última vez.

—Os quiero mucho —dijo.

Y levantó un poco la mano derecha para bendecirlos con la señal de la cruz. Murió aquel mismo día, el 15 de mayo de 1878. Tenía cuarenta y tres años.

La medalla de oro

A finales de abril de 1882, casi cuatro años después de la muerte de Bronislawa, la vida de los Sklodowski seguía su curso, ahora en un espacioso piso de la calle Leschen. Józef estaba en segundo curso de Medicina y, a sus dieciocho años, era un joven guapo, alto y atlético. Había acabado el bachillerato con medalla de oro, como Bronia, que llevaba las cuentas de la casa, daba órdenes a la sirvienta y se ocupaba de los seis estudiantes que vivían en la casa. Bronia tenía diecisiete años, pero llevaba el pelo recogido en un moño alto que la hacía parecer mayor. El sueño de estudiar Medicina en París le parecía cada vez más lejano. A Hela, por su parte, le faltaba poco para cumplir dieciséis años. Era la más guapa, la más graciosa y rubia de las hermanas, y quería ser bailarina.

Maria tenía ya catorce años y hacía dos que había dejado el colegio Sirkowska para estudiar en un instituto público que otorgaba diplomas oficiales. En su clase había polacas, alemanas y rusas, y todas se llevaban bien, aunque las polacas se sentían maltratadas por el profesor de Historia. Según el maestro, Polonia no era más que una provincia y el polaco, un dialecto, aunque, añadía, el zar amaba a todas sus súbditas por igual. A la salida de clase las chicas se resarcían,* burlonas, del maltrato.

—¡Chicas, el padrecito zar nos ama! —se decían entre risas las unas a las otras.

Aquella mañana luminosa de abril Maria salió de casa con la mochila a la espalda mientras Lancet,[13] el perro de la familia, la despedía agitando el rabo. Cada mañana pasaba por la puerta trasera del Palacio Azul para llamar a su amiga Kazia, la hija del bibliotecario de los condes Zamoyski.[14] Se notaba que en casa de Kazia tenían mucho dinero porque ella llevaba uniforme nuevo y zapatos caros. La madre de Kazia se asomó a la ventana.

—¡Adiós, niñas! —exclamó—. Maria, ¿vendrás a merendar esta tarde? Hay buñuelos de crema y helado de chocolate.

Las dos amigas cruzaron la plaza de Sajonia y pasaron junto al obelisco* que habían mandado levantar los rusos. En la base había un letrero que rezaba: "A los polacos fieles al zar". Como de costumbre, las chicas escupieron al monumento para mostrar su desprecio a los compatriotas traidores y renegados.

En la puerta del instituto, se tropezaron con la conserje que, vestida de gris, vigilaba la entrada y los pasillos con la autoridad de un perro guardián. La mujer nunca disimulaba la manía que le tenía a Maria Sklodowska. "¿Qué se habrá creído esa mocosa repelente?", pensó al verla llegar con una sonrisa en la cara.

—O vienes con el pelo recogido o no entras —le dijo secamente.

—Siempre llevo el pelo así, señorita Mayer —contestó Maria.

La antipatía era mutua y tenía un origen preciso: el 14 de marzo de 1881. Aquel día la conserje oyó alboroto en un aula, se dirigió a ella con paso militar, abrió la puerta y sorprendió a Maria y a Kazia bailando mientras sus compañeras las jaleaban* entusiasmadas. Estaban celebrando la muerte de Alejandro II: el día antes Nikolái Rysakov, un joven revolucionario, había lanzado una bomba al carruaje imperial en las calles de San Petersburgo.

Pocos días después de la muerte del zar, Leonia, una compañera de clase de Maria y Kazia, llegó al instituto con las mejillas enrojecidas y los párpados hinchados.

—A mi hermano lo ahorcan mañana —dijo, rompiendo a llorar—. Lo acusan de haber participado en el atentado contra el zar.

Leonia estaba tan desconsolada que un profesor la envió a casa. Por la tarde Maria, Bronia y Hela se reunieron con Kazia y su hermana Ula, y fueron a casa de Leonia para hacerle compañía toda la noche. Las horas pasaron muy lentas entre abrazos, susurros y llantos. Las chicas bebieron té y al amanecer se arrodillaron y rezaron una oración por el hermano de Leonia.

El 12 de junio de 1883, dos años después de aquella noche tan triste, Maria y sus compañeras celebraron su graduación. Hacía un día resplandeciente, como si el verano hubiera llegado a Varsovia para quedarse. En el salón del instituto no cabía ni un alfiler. La solemne sesión académica se alargó con algunos discursos y un grupo de músicos tocó una polonesa de Chopin.[15] Por fin llegó el momento más deseado: la entrega de la medalla de oro a la primera de la clase.

—Maria Salomea Sklodowska —dijeron desde el escenario.

Una chica se puso en pie, echó a andar y se levantó un poco la larga falda para subir al escenario. Tenía la melena rubia y ondulada, y llevaba un traje negro con una rosa blanca en el pecho. Detrás de la mesa cubierta con un paño verde la esperaban cuatro hombres de frac* y una señora con un traje de brillantes lentejuelas. La estudiante inclinó la cabeza y el presidente le colgó al cuello una medalla de oro.

—Enhorabuena —le dijo el señor Aputchin, la máxima autoridad de enseñanza en Polonia.

La señora entregó un diploma a Maria. Entre aplausos, la estudiante regresó a su asiento y se abrazó a sus hermanas. Józef, que era un bromista, intentó morder la medalla para comprobar que no era de latón. El padre no cabía en sí de gozo. ¡Ah, ojalá estuvieran allí Bronislawa y Zosia! La madre habría llorado de felicidad al ver graduada, y con honores, a su hija pequeña.

Unos días después, Wladyslaw decidió que Maria se merecía unas buenas vacaciones. Al fin y al cabo, él siempre procuraba velar por el bienestar de su familia. Lector voraz de novelas y de libros científicos, los sábados por la noche organizaba una tertulia con sus hijas y Józef, y les leía poesías y relatos en varias lenguas. En casa eran políglotas: no solo hablaban polaco y ruso, sino también alemán y algo de francés. Wladyslaw incluso sabía latín y griego clásico.

Una noche le dijo a Maria:

—¿Sabes qué? Vete a Zwola, allí estarás bien. Eso sí, llévate algún libro de física.

Al final, las vacaciones estivales* de Maria se alargaron todo un año. Primero, se alojó unas semanas con unos parientes y dio clases de francés a un niño. Allí se olvidó de la física y las matemáticas: "Katia, querida, me he vuelto salvaje", le escribió a su amiga. "Nado, voy al bosque, lo mismo me despierto a las seis de la mañana que a las doce del mediodía. Apenas leo nada".

Después visitó a Maria Bokuska, hermana de su madre, en la región de los Cárpatos. Era la primera vez que Maria veía bosques de abetos y montañas nevadas; la vida al aire libre le descubrió placeres desconocidos. Los crudos meses de invierno los pasó con otro tío, notario en Skalbmierz, un pueblecito perdido en medio de la inmensa llanura polaca.

A sus tíos y a sus tres primas les gustaba organizar fiestas. Así, para Carnaval, Maria y las primas prepararon máscaras y trajes típicos de Cracovia, con chalecos bordados y faldas rojas y verdes. Al anochecer fueron al *kulig*, la fiesta campestre. En trineo, tapadas con mantas y escoltadas por unos mozos a caballo que iluminaban con antorchas el camino nevado, llegaron a un claro del bosque. Allí se reunieron con otras pandillas de los alrededores. La noche era muy fría, pero habían preparado una buena hoguera y sonaban los violines de cuatro músicos. Alrededor del fuego, los jóvenes bailaron valses, polcas* y el agitado *oberek*,* con sus zapateos y saltos en el aire. Ya de madrugada se acercaron a las granjas vecinas, donde los vecinos les ofrecieron té caliente y pastelillos.

Al día siguiente celebraron otra fiesta. Maria estaba encantada con su falda verde y el corpiño de anchas mangas blancas. En la cabeza llevaba una diadema de flores de la que caía una cascada de cintas de vivos colores. "Querida Katia", le escribió unos días después a su amiga, "la fiesta fue genial. Me puse un vestido de campesina precioso. Estuve toda la noche con un chico guapísimo de Cracovia. ¡Bailé con él hasta caer rendida! A las ocho de la mañana bailamos juntos la última mazurca blanca".*

Pacto entre hermanas

El año ocioso y feliz que pasó en el campo Maria descubrió la naturaleza, la belleza del otoño dorado en las alamedas, el sabor de las fresas silvestres, las noches estrelladas de verano, las costumbres de los campesinos, la soledad y la libertad interior. Ahora, en Varsovia, iba de casa en casa para dar clases de repaso a niños vagos y malcriados. ¿Qué otra cosa podía hacer? Le habría gustado estudiar matemáticas en la universidad, pero exigían latín y griego para matricularse, materias prohibidas en el bachillerato femenino. La universidad polaca de la época rechazaba a las muchachas y la simple idea de una mujer científica causaba estupor. ¿Para qué quería una joven estudiar física o matemáticas?, decía la gente. ¿Para ser médica? ¡Menuda ridiculez! Como mucho, las mujeres podían aspirar a ser maestras. Si no, debían casarse y tener hijos.

—Hoy he dado cinco clases —dijo Maria.

Su padre la escuchó con pena. Aquella cría curiosa, fascinada por los aparatos de la vitrina, la más inteligente y tenaz de la casa, pasaba el día dando aburridas clases particulares. Su ansia de saber, su pasión por la física y la química, todo ese potencial... ¿quedaría desperdiciado? ¡Ojalá tuviera dinero para enviarla a estudiar a Francia o Alemania!

El invierno en Varsovia es frío y largo. Maria lo combatía con un abrigo de lana hasta los pies, calcetines gruesos, guantes, bufanda y gorro para caminar por las calles heladas bajo el cielo encapotado. Era una profesora puntual, paciente y concienzuda,* aunque los niños se mostraban caprichosos o insolentes y los padres no apreciaban su trabajo. Cobraba tan solo medio rublo por hora.

Sin embargo, un rayo de esperanza iluminó el horizonte gris de sus días. Bronia y ella se unieron a la Universidad Volante, una organización académica clandestina en la que ocho o diez jóvenes recibían las lecciones de filosofía, literatura, historia o anatomía que impartían algunos profesores universitarios. Y si no había profesor, debatían entre ellas y se prestaban libros. Por la noche, Bronia y Maria iban a casa de una maestra llamada Mile Piasecka. Allí hablaban en voz baja, pero con entusiasmo, y bebían té. A cada rato se callaban y se miraban atemorizadas.

—¿Habéis oído eso? —decían.

¿Un ruido? ¿Dónde, en el portal, en la escalera? ¿Y si era la policía? Los rusos sabían que la Universidad Volante era un nido de rebeldes. Después de haber fracasado en dos revoluciones, los jóvenes polacos se habían dado cuenta de que nunca lograrían echar a los invasores por la fuerza, de modo que los más cultos y comprometidos se propusieron modernizar el país y educar al pueblo.

A sus veintiocho años, Mile Piasecka tenía las ideas muy claras. En su casa se enfrentaban dos bandos, con sendas teorías para mejorar el mundo: positivistas y marxistas.[16] Ella era positivista radical y citaba a Darwin, Pasteur y al gran Claude Bernard, que había revolucionado la medicina con su ciencia experimental.[17]

—Solo lo que se experimenta y se conoce por los sentidos es cierto y útil —decía—. El progreso depende de la ciencia. Nada de sueños ni obras de caridad: hechos, análisis, estudios.

A Maria le entusiasmaba este modo de ver el mundo, pero algunos de sus compañeros se inclinaban por las ideas socialistas para mejorar la vida de la gente.

—Sin lucha social no hay progreso —dijo una joven—. Los obreros deben apoderarse de los medios de producción. Solo así se alcanzará una sociedad sin clases.

—Para construir un mundo mejor hay que mejorar a las personas, una a una —intervino Maria—. Nuestro deber es ayudar.

Y lo puso en práctica. Iba a un taller de costureras y les leía en voz alta relatos históricos, noticias de moda, hallazgos científicos y relatos de Boleslaw Prus, el escritor más popular de Varsovia.[18]

—Si nos dejaran estudiar medicina a las mujeres, habría menos dolor y miseria en el mundo —le dijo Bronia una noche mientras volvían a casa.

Maria comenzó a darle vueltas a un atrevido plan y, una mañana de mayo, le dijo a su hermana:

—Bronia, te propongo un pacto. Y que no se te ocurra decirme que no.

—¿Qué pasa, Manya? —respondió Bronia sorprendida por el aplomo de su hermana pequeña, siempre tan reservada.

—El otro día fui a una agencia para pedir trabajo como institutriz —dijo Maria—. La encargada se sorprendió al ver mis referencias y le gustó que hablara alemán, francés e inglés. Bien, el caso es que me han ofrecido un trabajo de quinientos rublos al año.

—¿Y qué pacto quieres que hagamos? —le preguntó Bronia.

—Voy a ayudarte para que puedas estudiar Medicina en París.

—No sé si lo entiendo, Manya.

—Tú te vas a París —dijo Maria—. Con tus ahorros, lo que te dé papá y los quince o veinte rublos mensuales que te enviaré yo, te llegará para vivir. Y cuando acabes la carrera, vuelves a Polonia, te pones a trabajar y me envías dinero para que pueda irme yo a París. Ese es el pacto.

—Eres un sol, Manya —dijo Bronia, abrazándola—. ¡Acepto!

El 1 de enero de 1886 Maria Sklodowska se despidió de su padre, de Józef y de sus hermanas, y tomó el tren que la llevaría a Szczuki, un pueblo situado a cien kilómetros al norte de Varsovia. El tren recorrió una llanura nevada que parecía no tener fin. Pronto se hizo de noche. En el vagón de tercera clase, el farol del techo se balanceaba fantasmalmente. Al cabo de tres horas el tren se detuvo en una estación solitaria. Maria se apeó y vio acercarse a un hombre alto con un buen abrigo y un gorro de piel de zorro.

—¿La señorita Sklodowska? —le dijo—. Soy el señor Zorawski, bienvenida.

El hombre tomó las maletas y la invitó a subir al asiento trasero de un trineo que los esperaba al final del andén. El cochero agitó las riendas y los dos caballos arrancaron con trote poderoso.

—Tardaremos cuatro horas en llegar —dijo el señor Zorawski—. Tenga, aún está caliente.

Y le tendió un frasco lleno de té. Arrebujada en una manta, Maria era toda dudas. "¿Cómo serán los Zorawski?", se preguntaba. "¿Qué voy a hacer todo un año en un pueblo perdido en el campo?". Llegaron a la casona pasadas las once de la noche. La señora Zorawski la recibió amablemente y le presentó a sus dos alumnas, que aguardaban despiertas: Bronka, de dieciocho años, apenas unos meses menos que Maria, y Andzia, de diez.

—Vamos arriba, señorita Sklodowska —le dijo la mujer—. Le enseñaré su habitación.

Era un cuarto espacioso, con una cama, un armario, un escritorio, una estufa de loza* pegada a la pared y un mueble con palangana, jarra de agua y espejo. Además, tenía balcón.

—¿Quiere comer algo? —preguntó la mujer.

—No, señora, gracias, no tengo hambre —respondió Maria.

—Pues descanse. Buenas noches.

Maria rebuscó en el equipaje la camisa de dormir. Se desnudó, se aseó y se metió en la cama. "Desde hoy eres Maria", pensó. "Ahora sí que has dejado atrás a Manya". Estaba tan cansada que, en cuanto puso la cabeza en la almohada, se quedó dormida.

El primer amor

A la mañana siguiente Maria se despertó confundida. ¿Dónde estaba? Entonces recordó el viaje del día anterior y la llegada, bien entrada la noche, a Szczuki. Se levantó y fue al balcón. A la luz turbia del amanecer, vio una nave de ladrillo rojo con una chimenea, las cuadras y los establos, y, más allá, unas cuantas granjas dispersas por la llanura helada. Estaba en casa del señor Zorawski, director de una fábrica azucarera, propietario de gran parte de la empresa y administrador de las tierras de un príncipe. El matrimonio Zorawski tenía siete hijos: un bebé de seis meses y un crío de tres, Andzia y Bronka, y tres chicos que estudiaban en Varsovia, dos en un internado y el mayor en la universidad.

Poco a poco Maria se acostumbró a su nueva vida. A sus alumnas les daba clases diarias de matemáticas, ciencias e historia, polaco, ruso y francés. Se sentaba a comer con la familia y, en su tiempo libre, se encerraba en la habitación a escribir cartas, leer novelas francesas y estudiar física en los libros que le había conseguido el señor Zorawski. Oía el ruido de los carros de bueyes que llevaban remolacha[19] a la fábrica, cuya chimenea despedía una humareda densa y negra. A veces los señores recibían visitas y hacían fiestas.

El trabajo estaba bien pagado, la trataban bien y ahorraba casi íntegro su sueldo. Todo estaba, pues, en orden y, sin embargo…, ¿por qué se sentía triste? ¿Por qué algunas noches tenía ganas de llorar? La rutina, el aislamiento y la soledad, las conversaciones banales de los señores y la añoranza de la Universidad Volante la sumieron en una de las crisis de melancolía que la acometerían a lo largo de su vida. "El mundo se me echa encima, querida Katia, me embrutezco y no tengo ninguna esperanza, ninguna", escribió a su amiga. Para cumplir su sueño de estudiar matemáticas y física en París le quedaban aún cuatro o cinco años. ¿Tendría que estar todo ese tiempo en una aldea solitaria, sin amigos ni alicientes? Cayó en una depresión tan amarga que perdió incluso las ganas de leer. Lo disimulaba, pero donde mejor estaba era en la cama con los ojos cerrados. Las cartas de Katia y su familia, la llegada tardía de la primavera y su coraje la animaron, al fin, a salir del pozo.

En cuanto se encontró mejor, decidió que iba a dar clases a los hijos de los campesinos y de los obreros de la fábrica. Cuando se lo dijo al señor Zorawski, este respondió:

—Ya tiene usted bastante trabajo con mis hijas.

—Puedo dar clases de lengua polaca y de historia. Así esos niños sabrán quiénes fueron Casimiro III, Copérnico o Chopin.[20]

—Es peligroso. ¿Para qué necesitan saber todo eso?

Pero al final el señor Zorawski accedió y Bronka se sumó con entusiasmo a la iniciativa de Maria. Daban dos horas diarias de clase y llegaron a tener hasta dieciocho alumnos, a los que repartían en varios grupos. Los chicos subían por la escalera de atrás, algunos descalzos y otros sorbiéndose la nariz, mal vestidos y desaseados. Muchos olían a estiércol porque cuidaban de las cuarenta vacas y los sesenta caballos de la granja. Maria les daba clase en su

cuarto, en el que había mandado poner una pizarra, una mesa de pino y algunas sillas; ella misma compró lápices y cuadernos con su dinero. La mayoría de los chicos eran analfabetos y testarudos y se distraían enseguida, pero también se sentían orgullosos cuando conseguían leer un pasaje de corrido y lograban escribir una frase en polaco sin ninguna falta.

Un día de junio Maria recibió una carta de Bronia que la alegró mucho: "Querida Manya, ya lo tengo todo listo: ¡en septiembre me voy a París!". Con el fin de ahorrar más dinero para su hermana, Maria hizo de tripas corazón* y renunció a ir a Varsovia de vacaciones. Se sintió muy apenada porque aquel verano no vería a su padre, pero tenía un objetivo que cumplir.

A primeros de julio la casa de los Zorawski se llenó de unas risas desconocidas con la vuelta de los tres estudiantes de Varsovia.

—Kazimierz, hijo, ven —dijo el padre—. Te presento a Maria Sklodowska, la institutriz de la que te hemos hablado.

—Encantado, señorita.

Kazimierz tenía veinte años. Era buen estudiante y el hijo predilecto de su padre, quien ya le había trazado el destino: sería ingeniero agrónomo* como él, dirigiría algún día la fábrica azucarera y se casaría con una muchacha rica y deslumbrante.

Maria no era rica ni deslumbrante. Llevaba el pelo recogido en lo alto de la cabeza y un flequillo ensortijado le tapaba la frente. Vestía con sencillez, como le correspondía a la institutriz de una familia adinerada en un pueblo perdido como aquel. Pero era culta, hablaba cinco idiomas, leía libros de química, daba clases gratuitas a los niños pobres y, pese a su carácter introvertido, tenía las ideas claras y sabía lo que quería.

Para celebrar la llegada del verano, los Zorawski dieron una fiesta a la que invitaron a amigos y técnicos de la fábrica. Aquel día Kazimierz descubrió que la joven institutriz sabía bailar y se fijó en sus ojos grises y un poco rasgados. Luego se sorprendió de que montase a caballo y de que tan pronto diera una lección como recitase un poema. En las hermosas tardes de verano, Maria y Kazimierz daban paseos a caballo, iban al río y jugaban al cróquet* en el jardín rodeado de fresnos. Él se acercaba a Maria, le rozaba las manos para enseñarle a manejar el mazo y ambos se miraban confusos. Dejaron de llamarse de usted, se tuteaban. Todos en la casa lo advirtieron: Kazimierz y Maria estaban enamorados.

—Hijo, no pensarás casarte con ella, ¿verdad? —le preguntó el señor Zorawski a Kazimierz.

El muchacho guardó silencio, azorado* y sin saber qué decir. Nunca se había atrevido a llevarle la contraria a su padre, pero un domingo de agosto se atrevió a hablar con él en el jardín, delante de Maria.

—Padre —le dijo—, quiero que apruebe nuestra relación. Somos novios.

El señor Zorawski se quedó atónito. Apreciaba a Maria y la consideraba una chica extraordinaria, pero venía de una familia sin recursos.

—No puede ser —contestó el hombre—. No lo apruebo.

La opinión de la señora Zorawski, más tibia, no se tuvo en cuenta. Y aunque hubo alguna disputa agria entre padre e hijo, Kazimierz era dócil y claudicó con facilidad.

Maria se sintió despreciada y sufrió con angustia el desengaño del primer amor. "Nunca volveré a enamorarme", se prometió a sí misma. "Jamás". Durante aquellos días tristes se planteó abandonar la casa, pero tenía que seguir mandándole dinero a Bronia.

Maria Slodowska estuvo dos años más con los Zorawski, hasta que en julio de 1889 la despidieron porque ya no la necesitaban. Cuando volvió a Varsovia, una de las primeras cosas que hizo fue visitar a Kazia, que estaba preparando su boda.

—Maria, te noto muy cambiada —le dijo su amiga.

—Lo he pasado mal —contestó ella—, pero he aprendido algo: no dejaré que nada ni nadie me hunda.

Durante los dos años siguientes Maria trabajó como institutriz en casa de unos industriales muy ricos y, en su tiempo libre, volvió a la Universidad Volante. Incluso tuvo la ocasión de hacer algunas prácticas de física en un laboratorio oficial, aunque rudimentario.*

Entre tanto, Bronia acabó la carrera de Medicina. Decidió quedarse en París y al poco se casó con un médico llamado Kazimierz Dluski (¡otro Kazimierz!), también polaco. Y un día, por fin, Maria recibió la carta largamente esperada. "Manya, querida, ahora te toca a ti", decía Bronia. "Prepara el pasaporte y la maleta para después del verano. Vivirás en mi casa. ¡Que sepan los franceses lo que vale una mujer polaca entregada a la ciencia!".

En octubre de 1891 Maria Sklodowska tomó otro tren, esta vez con destino a París. Si en su anterior viaje había dejado atrás a Manya, ahora pasaría a ser Marie, el nombre con el que pensaba matricularse en la Universidad de la Sorbona.

Estudiante en París

Al día siguiente de su llegada a París, Marie salió temprano de casa de Bronia, en La Villette, y tomó un ómnibus* de dos pisos para la Estación del Este.[21] Allí tuvo que subirse a otro, emocionada porque por fin iba a conocer el Barrio Latino[22] y entrar en la Universidad de la Sorbona, cuyo nombre asociaba con la ciencia y la sabiduría. Se sentó en el piso superior del vehículo, a la intemperie, porque el precio del billete era más barato. Apretaba entre las manos la cartera de cuero que solía llevar a la Universidad Volante, temerosa de perder el certificado de estudios y el dinero de la matrícula, y admiraba las tiendas del bulevar de Sebastopol, la lejana Torre Eiffel o la hermosa catedral de Notre Dame.[23]

El edificio de la Facultad de Ciencias estaba en obras. La fachada blanca medio tapada por los andamios desentonaba con las piedras ennegrecidas de los viejos edificios cercanos. Marie leyó en la entrada un letrero que decía:

Facultad de Ciencias
Inauguración del curso el 3 de noviembre de 1891.

Había un panel con el listado de los veintitrés profesores y los horarios de las clases. Marie cruzó el patio, se asomó a una de las viejas aulas semicirculares y escalonadas, y, unos pasos más allá, al Gran Anfiteatro, inaugurado dos años antes.[24] Tenía una fabulosa cúpula acristalada, un escenario imponente y un hemiciclo* para ochocientas personas.

Durante meses, con la salvedad de los días festivos, Marie hizo a diario este trayecto de una hora desde la casa de Bronia hasta la

Sorbona. Cruzaba el pasillo de la Facultad de Ciencias entre decenas de chicos que se quedaban mirando su pelo rubio y sus ojos grises, su falda desgastada y sus andares decididos. En la Facultad de Ciencias había muy pocas estudiantes, 23 frente a 1825 varones, y casi todas eran extranjeras. En la enseñanza secundaria, implantada en Francia en 1880, no se preparaba a las chicas para los estudios superiores, sino para ser esposas y madres cultivadas. Si alguna quería formarse tenía que estudiar por su cuenta latín, griego y matemáticas, y presentarse a un examen que era un espectáculo por "la presencia de unas faldas entre tantos pantalones".[25] En la Sorbona, los estudiantes protestaban contra la emancipación de las mujeres. Así, en enero de 1893, un grupo de estudiantes organizó un gran alboroto, con gritos, canciones obscenas y lanzamiento de huevos podridos, porque cada vez asistían más chicas y señoras a las aulas.

Marie se sentaba en el lugar reservado a las mujeres, delante y a un lado del aula escalonada, y tomaba apuntes en un cuaderno de tela gris con su caligrafía menuda. No se perdía ni una clase, pero las que más le interesaban eran las de álgebra, que impartía Paul Appell, y las de física matemática a cargo de Gabriel Lippmann, un sabio formado en Alemania y toda una autoridad mundial en óptica y electricidad. En 1908 Lippmann ganaría un Nobel gracias a su método para reproducir los colores en fotografía. Otro de los profesores de Marie fue Henri Poincaré, el matemático más brillante del siglo XIX.

Por la tarde Marie regresaba a La Villette. En el apartamento de su hermana y su cuñado la vida se le hacía cada vez más incómoda. Necesitaba silencio y soledad, pero Kazimierz tocaba el piano y la atosigaba con preguntas y atenciones. A cualquier hora acudían enfermos a la consulta o sonaba la campanilla para que Bronia fuera a asistir a una parturienta. Algunas noches recibían la visita de sus amigos, tomaban té y pastelillos, y se dolían de la triste situación de la patria polaca. Kazimierz era un anfitrión generoso y divertido que invitaba a poetas y artistas, entre ellos Ignacy Paderewski, un pianista que tocaba magistralmente piezas de Chopin y que en 1919 sería el primer ministro de una Polonia ya independiente.[26]

Una noche Marie le dijo a su hermana que quería alquilar una buhardilla en el Barrio Latino.

—Así me ahorro dos horas de trayecto y el dinero de los billetes de ómnibus —añadió.

—Pero estarás sola... —repuso Bronia.

—Tendré todo el tiempo del mundo para estudiar.

—¿Y qué vas a comer? ¡Si no sabes ni hacer una sopa!

Era cierto, pero a Marie le daba igual. Por veinte francos* al mes encontró un ático minúsculo con una estufa de tubo, sin agua corriente y sin más luz que la que entraba por una sucia claraboya.* Lo amuebló con una cama plegable de hierro, el colchón que había traído de Polonia, una mesa blanca de pino, una silla y el baúl marrón. Disponía de dos platos, cubiertos, una taza y un cazo para calentar el té en un infiernillo* de alcohol, y obtenía el agua de un grifo de la escalera. Era un cuchitril miserable, pero Marie no podía sentirse más satisfecha: estaba en París, asistía a clases en la Sorbona y encarrilaba su vocación científica. El 17 de marzo de 1892 escribió a Józef: "Vivo en el número 3 de la calle Flatters, en una habitación pequeña, muy cómoda y barata, a un cuarto de hora de la Universidad y del laboratorio. Sin la ayuda de Kazimierz y de nuestra hermana no lo habría conseguido".

Por las mañanas iba a clase, pasaba las tardes en la biblioteca y de vuelta a casa seguía estudiando hasta las dos de la madrugada a la luz de una lámpara de petróleo. Tenía que ponerse al día porque los manuales de física y química que había consultado hasta el momento estaban anticuados y no recogían los últimos hallazgos científicos. Algo semejante le pasó con el francés. Lo hablaba con soltura, pero quería eliminar su acento polaco y escribir en francés con más precisión léxica y fluidez sintáctica, de modo que buscó a una universitaria para que la ayudara durante unas semanas.

A Marie le gustaban sobre todo las prácticas de laboratorio. Con la bata gris, rodeada de chicos, hacía experimentos elementales de física en una larga mesa de roble bajo la tutela del profesor Lippmann. El profesor reparó enseguida en su estudiante polaca, que trabajaba con un esmero y una concentración insólitos.

Los domingos Marie iba a La Villette y comía los suculentos guisos que servían en casa de su hermana.

–Estás más flaca –le decía su cuñado–. ¿Te encuentras bien?

–Sí –contestaba Marie–. Lo que ocurre es que trabajo mucho.

–¿Te alimentas bien? –insistía Kazimierz.

–Lo suficiente.

–¿Y qué es para ti lo suficiente? –intervenía Bronia, alarmada.

–Sé cuidarme, hermanita –zanjaba Marie, tajante.

Muchos estudiantes eran casi tan pobres como ella, pero la mayoría compartía piso y se divertía en los cafés del barrio. Marie, en cambio, no salía ni se regalaba ningún capricho. Tenía tres francos diarios para pagar el alquiler de la buhardilla, la comida, el material escolar y el carbón y la leña para la estufa. En las noches más frías sacaba toda la ropa del baúl y la echaba encima de la colcha. Durante semanas se alimentó a base de pan, mantequilla y alguna fruta, y solo de vez en cuando compraba algo de chocolate y algunos huevos. Estaba muy delgada y tenía un aspecto enfermizo.

Una mañana estuvo a punto de desmayarse al salir del aula y sus compañeras la acompañaron a la buhardilla. Su amiga Jadwiga Dydynska fue a La Villette para avisar a Bronia. Dos horas después Kazimierz entró con su maletín de médico en el cuarto, auscultó a su cuñada y le examinó las pupilas.

–¿Qué has desayunado? –le preguntó.

–Lo de todos los días –respondió Marie evasivamente.

–O sea, nada –dijo Kazimierz–. Tienes anemia.* La culpa es mía por no vigilarte. Nos vamos. ¿Dónde tienes la ropa?

Marie recogió algunos libros y cuadernos, y ya en la calle subieron a un coche de alquiler. Estuvo ocho días en casa de su hermana, donde descansó y recuperó fuerzas gracias a los guisos y la carne con patatas fritas de Bronia. Luego volvió a la buhardilla, solo después de prometer a su familia que esta vez se cuidaría.

–Como me hagas otra igual, despídete de París –le dijo cariñosamente su cuñado–. Si no te alimentas bien no llegarás a catedrática* de la Sorbona.

Por aquel entonces le salió a Marie un enamorado tenaz, Lamotte, con quien compartía espacio en el laboratorio de química. Ella no le hacía ni caso, pero Lamotte le dejaba en el buzón cartas de amor: "Mi paciencia, señorita Sklodoswska,

podrá un día con su indiferencia. Esperaré". Marie estaba harta del chico.

—Señor Lamotte, me voy a Varsovia de vacaciones —le dijo un día—. Tiene usted todo el verano para olvidarme.

En julio Marie aprobó todas las asignaturas con sobresaliente. Pasó el verano en Varsovia y en octubre regresó a París con un aspecto mucho más saludable y unas ganas desbordantes de estudiar. Cambió de piso y se impuso una rutina rígida, aunque no tan severa como la del curso anterior. Los domingos visitaba a su familia en La Villette, jugaba con Helena, la pequeña hija de Bronia y Kazimierz, y cuando hacía bueno paseaba por el campo. Escribía cartas a Kazia, que había tenido un hijo, a Józef, a Hela y a su querido padre, que sufría pequeñas privaciones para enviarle puntualmente unos pocos rublos al mes.

En el curso 1892-1893 Marie empezó el segundo curso de Ciencias Físicas y se matriculó en la carrera de Matemáticas con el fin de completar su formación y obtener dos licenciaturas. El profesor Lippmann la retaba a experimentos cada vez más complejos en el laboratorio y Marie respondía entusiasmada. Los resultados de las pruebas finales del curso se anunciaron con solemnidad días después en el Gran Anfiteatro, abarrotado de estudiantes y familiares. Bronia y Kazimierz acompañaron a Marie, que, aunque parecía tranquila, estaba consumida por los nervios.

—Cuñada, si te licencias en Ciencias Físicas nos invitas a champán —le susurró Kazimierz.

El tribunal salió al estrado, el secretario esperó a que se hiciera el silencio y leyó el nombre de los licenciados por orden de mérito.

—Señorita Marie Sklodowska.

¿Una chica la número uno de su promoción, por delante de todos los estudiantes? La sorpresa desató murmullos en las gradas. Las aulas de la Sorbona habían estado cerradas a las mujeres durante siglos, y ahora llegaba una extranjera y se ponía a la cabeza de los estudiantes de Ciencias Físicas. El mundo estaba cambiando.

Pierre Curie

En el verano de 1893 Marie dio por acabada su estancia en París. Había agotado todos sus ahorros y, ahora que tenía una licenciatura, no quería recurrir a Bronia ni a su padre, que a duras penas podía ayudarla. Lamentaba dejar a medias la carrera de Matemáticas y decir adiós a su vocación investigadora, pero no veía remedio a su situación. Volvería a Varsovia, daría clases, haría compañía a su padre, lucharía por dar una buena educación al pueblo polaco.

Por fortuna, se encontró con una solución inesperada. Un día, Jadwiga se presentó en su casa con una carta en la mano.

—Maria, ¡te la han concedido! —exclamó—. ¡Te han dado la beca Alexandrovich!

Era una beca de seiscientos rublos que concedía el Gobierno polaco para estudiar en el extranjero. La propia Jadwiga había solicitado la beca para Marie, la mujer que, según ella, "más ciencia física sabía en toda Europa".

—Con esto me llega para pasar unos quince meses en París —calculó Marie.

Durante su tercer curso en la Sorbona, Marie prosiguió con las clases de matemáticas y los experimentos en el laboratorio. "Mi vida es monótona y nada interesante", escribió a su hermano.

Sin embargo, todo cambió cuando, a principios de 1894, Marie encontró su primer trabajo científico gracias al profesor Lippmann. La Sociedad para el Fomento de la Industria Nacional encargó a la joven licenciada un estudio sobre las propiedades de algunos metales. Marie se encontró con un problema: necesitaba un laboratorio para llevar a cabo las pruebas. Un amigo de sus tiempos de institutriz en Varsovia, Józef Kowalski, le habló de un especialista en magnetismo* que quizá podría compartir con ella su laboratorio. Se llamaba Pierre Curie. Kowalski los invitó a tomar té en su casa para que se conocieran.

Más adelante Marie describiría a Pierre Curie como un "hombre joven y alto, de pelo cobrizo y grandes ojos claros". Cuando se conocieron, él tenía treinta y cinco años y se dedicaba en cuerpo y alma a la investigación de los metales magnéticos y a la cristalografía.* Su padre, que era médico, les había contagiado a él y a su hermano Jacques la pasión por la ciencia. Pierre se había licenciado en Ciencias a los diecinueve años, trabajó luego de ayudante en el laboratorio de la Sorbona, fue jefe de clases prácticas y ahora era profesor interino* en la Escuela de Física y Química Industriales.

Por aquel entonces Pierre ya se había forjado un prestigio científico. Uno de sus logros más tempranos fue la medición fiable de la longitud de onda de los rayos infrarrojos.* En 1880 él y Jacques descubrieron que algunos cristales generaban electricidad si se les sometía a presión, un efecto que llamaron piezoelectricidad. Luego

inventaron el electrómetro, un instrumento para medir la corriente eléctrica en pequeñas cantidades. Cuando su hermano se casó y se fue a Marsella, Pierre se centró en el estudio de los imanes y descubrió que algunos metales magnéticos, los ferromagnetos, perdían sus propiedades a ciertas temperaturas. Esa temperatura recibiría en 1895 el nombre de "temperatura Curie".

Pierre era sensible, tímido y un poco excéntrico, con tendencia a la depresión. De niño se vio obligado a estudiar en casa y, ya en la juventud, tuvo una novia que murió en un trágico accidente. Cuando se recuperó de la pérdida, decidió consagrar su vida a la ciencia y llevar una vida austera. "No pensaré más en mí ni en los seres humanos. Solo en las cosas", se dijo. Y así fue durante quince años, hasta que conoció a Marie.

Una gélida mañana de invierno Marie se dirigió al callejón Lhomond, donde Pierre tenía su laboratorio. Abrió la puerta con cautela y lo vio vestido con un mandilón* azul, agitando un tubo de ensayo a la luz gris del ventanal.

—Buenos días, profesor Curie —dijo.

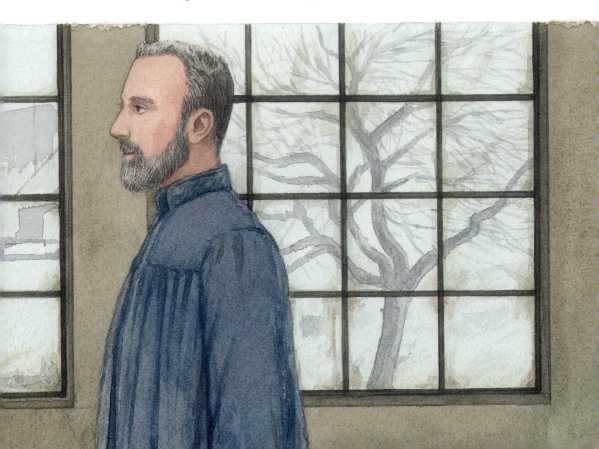

—Buenos días, señorita… Marie…

¿El profesor había olvidado su apellido? ¿Se acordaba de ella?

—Marie Sklodowska.

—Ah, ya —dijo Pierre—. Sí, nos conocimos en casa del profesor Kowalski.

A Marie le llamaron la atención la modestia de Pierre y su voz grave y serena, que inspiraba sosiego y confianza. Él se quedó atónito ante la inteligencia y el carácter decidido de Marie, y se sorprendió más aún cuando supo que aquella joven dominaba cuatro lenguas.

—Mi problema, profesor Curie —le dijo Marie aquella mañana de invierno—, es que además de un espacio necesito aparatos para trabajar con los metales.

—De acuerdo, no habrá problema —contestó él—. Así que lo que más le interesa es la investigación, señorita Esklokoska.

—Disculpe, profesor, es Sklodowska —le corrigió ella—. Sí, porque solo la ciencia puede conseguir que progrese la humanidad.

—Opino lo mismo. Bueno, la ayudaré en lo que pueda.

—Será hasta el verano, hasta que vuelva a mi país —dijo Marie.

—¿No se quedará a trabajar en Francia? —preguntó Pierre.

—Mis circunstancias personales me lo impiden.

Marie volvió al laboratorio en varias ocasiones y ambos empezaron a mirarse con un interés que trascendía los imanes y los minerales. Entre los dos surgió una viva atracción intelectual. Un día, Pierre le envió una separata* de su artículo *La simetría de una zona magnética* con esta dedicatoria: "A la señorita Sklodowska, con mi respeto y amistad". No era una declaración muy efusiva, pero se veía incapaz de ir más allá.

En julio, Marie obtuvo la licenciatura de Matemáticas con el número dos de su promoción y compró un billete de tren para Varsovia. Durante el verano recibió varias cartas de Pierre. A veces la ausencia aviva el amor y, en este caso, la distancia acabó uniendo a los dos científicos más aún. Así, el 26 de agosto de 1894 Pierre Curie, el científico que había renunciado a sí mismo y a las personas, no pudo resistir más y escribió una carta llena de atrevimiento:

Estimada Marie Sklodowska:

Me haría usted feliz si regresara a París. Se me ha metido en la cabeza que debo retenerla a usted en Francia, desterrada de su país y de los suyos, y sin nada que ofrecerle a cambio de tanto sacrificio. Pero sería hermoso que pasáramos la vida el uno junto al otro, inmersos en nuestros sueños: su sueño patriótico, nuestro común sueño humanitario y nuestro sueño científico.

Le deseo muchas satisfacciones. Su devoto amigo,

Pierre Curie

A Marie le emocionó la carta. "Me gustaría mucho volver", contestó. Regresó a París a finales de octubre y se alojó en el piso donde Bronia había instalado su consulta ginecológica. Pasaba horas en el laboratorio de Lippmann y acudía de vez en cuando al de Pierre para buscar muestras de minerales.

—Señorita Sklodowska, ¿podría visitarla en su casa? —le preguntó Pierre un día tras armarse de valor.

—Será un honor, señor Curie —contestó Marie—. Calle Chateaudun, 39.

Cuando Pierre fue a casa de Marie, ella le ofreció un té y le espetó:

—No espere mucho más, señor Curie. Tenga en cuenta que no sé cocinar.

Marie se percató de que su invitado la miraba atentamente mientras se peleaba con el infiernillo para calentar agua.

Lo cierto es que, desde aquel día, Pierre no dejó de pensar en ella. Defendió su tesis doctoral en enero de 1895 ante un tribunal de viejos catedráticos en el Gran Anfiteatro de la Sorbona. Obtuvo la máxima calificación, sobresaliente *cum laude,* pero el mayor premio para él fue la sonrisa de Marie.

Pierre se aficionó a tomar el té en casa de su amiga polaca. A veces llevaba unas pastas y las tardes soleadas de abril ambos paseaban por los Jardines de Luxemburgo.[27] Ella era cada vez menos esquiva, pero aun así se mostraba reacia a cualquier compromiso.

—Yo soy libre e independiente —decía.

—Todos dependemos de algo —replicaba él.

Pierre no se atrevía a declararse y maquinaba estratagemas* para doblegar los recelos de Marie.

—Trabajaremos juntos en el mismo laboratorio —decía—. Seremos colegas y compartiremos instrumentos y materiales.

Otro día Pierre le propuso que vivieran juntos en la misma casa, como dos amigos, cada uno en su propia habitación. Ella se quedó estupefacta. ¿Qué arreglo era ese? Su futuro estaba en Polonia, con su familia, con los suyos. ¿De qué iba a vivir en Francia?

Pierre no sabía qué hacer y, tras meditar mucho, le dijo:

—Señorita Sklodowska, no quiero separarme de usted. Me voy a vivir a Varsovia. Me ganaré la vida como sea. Daré clases de francés. O cargaré cestos en el mercado.

Marie quedó desarmada: ¿Pierre renunciaba por ella a las clases, a la ciencia, a su prestigio y a su porvenir de catedrático de la Sorbona? Una oleada de cariño le anegó el pecho y sospechó por primera vez que, en adelante, sus vidas serían inseparables.

A primeros de mayo de 1895 Pierre le llevó un ramo de lilas, se atrevió a tutearla y la invitó a casa de sus padres. Si Marie no aceptaba casarse con él, respetaría su decisión y, resignado, volvería a su vida de ermitaño.*

—Te gustarán mis padres —dijo—. Viven en Sceaux, un pueblecito de las afueras.

—De acuerdo. Iré a conocerlos —respondió ella.

El domingo por la mañana Pierre fue a buscar a Marie. Al pasar por delante de la Sorbona, le tocó el brazo y le dijo: "Un día darás aquí clase de física. O de matemáticas". Tomaron el tren y al cabo de media hora estaban en Sceaux. Los padres de Pierre vivían en una casa con la fachada cubierta de plantas trepadoras. Eugène era alto y de ojos azules, gruñón pero bondadoso, aficionado a jugar a los bolos y al ajedrez con sus amigos. Sophie, la madre, estaba enferma de cáncer de mama, y, al conocerla, Marie pensó en Bronislawa.

Marie respondió sin reservas a todo lo que le preguntaron. Les habló de su familia, de sus vacaciones infantiles en el campo, de la Universidad Volante y de su maltratada Polonia.

—Quizás vuelva a mi país —dijo.

—¡Pero usted no puede abandonar la ciencia! —exclamó Pierre.

Sus padres se echaron a reír y Marie miró a Pierre con cariñosa picardía. Lo que él había querido decirle era: "No me dejes. Estoy enamorado de ti".

Para evitar que Marie volviera a Polonia, Pierre recurrió a los Dluski. Organizó un encuentro entre las dos familias en Sceaux, y Bronia y Kazimierz se portaron con su acostumbrada cordialidad. Bronia se llevó una impresión excelente de Pierre y, unos días después, le dijo a su hermana:

—Creo que serás feliz a su lado.

A mediados de julio Marie escribió a su amiga Kazia para anunciarle que se casaba: "He estado dudando todo un año, pero el destino ha hecho que Pierre y yo no soportemos la idea de separarnos. Me quedaré en París, ¡qué se le va a hacer!".

La boda se celebró el 26 de julio de 1895 en el Ayuntamiento de Sceaux. Los novios querían una ceremonia civil y discreta, sin banquete, anillos de bodas ni vestidos formales. Marie se puso una blusa azul con rayas claras y un traje de lana azul marino confeccionado a medida por la modista de Bronia. A la boda asistieron, además de los Dluski y la familia de Pierre, Hela, Wladislav y algunos amigos de la Sorbona.

A Marie y a Pierre no solo les unía el espíritu crítico y la pasión por la ciencia: también tenían en común el amor por la naturaleza, así que, para celebrar su luna de miel, decidieron hacer un viaje por la Bretaña.[28] Compraron dos bicicletas con el dinero que les había regalado un primo y recorrieron cientos de kilómetros subidos a ellas. Dormían en pensiones baratas, compraban pan, queso y cerezas en los mercadillos, y se tumbaban a almorzar en algún bosque o a la orilla de un río. A lo largo de su vida de casados, uno de los pocos placeres que se permitirían Marie y Pierre fue precisamente el de salir los fines de semana a pasear en bicicleta por el campo.

Experimentos con el uranio

Al volver de su viaje de novios, Marie y Pierre alquilaron un apartamento en la calle de la Glacière, cerca de la Escuela de Física y Química Industriales. El pequeño apartamento estaba en un cuarto piso, daba a un jardín y era muy luminoso. La pareja lo amuebló con sencillez, y su adquisición más importante fue una mesa para el comedor que hacía las veces de mesa de trabajo. Marie aprendió a cocinar y a coser a la vez que se sacaba el certificado de profesora de enseñanza secundaria y proseguía con su investigación sobre las propiedades magnéticas del acero bajo la tutela del profesor Lippmann. Anotaba minuciosamente los gastos de la casa y los resultados de su actividad científica en unos cuadernos, costumbre que la acompañaría el resto de su vida. La rutina del matrimonio era muy austera: no iban al teatro ni recibían visitas, pues pasaban el día embebidos en su trabajo. "Llevamos un vida monótona", escribió Marie a su hermano Józef. "Solo veo a los Dluski y a los padres de Pierre en Sceaux".

En noviembre de 1895, cuando Marie y Pierre apenas llevaban cuatro meses casados, el científico alemán Wilhelm Röntgen hizo un fabuloso descubrimiento por azar: la existencia de unos rayos invisibles capaces de atravesar los cuerpos opacos, como la carne de la mano. Esa misteriosa radiación que, por primera vez en la historia, permitía explorar el interior del cuerpo humano de manera en apariencia inocua* recibió el nombre de rayos X. Poco después, el físico francés Henri Becquerel se encontró con una sorpresa mientras estudiaba el fenómeno de la fluorescencia:* tras poner sales de uranio sobre una placa fotográfica, se dio cuenta de que la placa se había ennegrecido. Luego comprobó que las sales de uranio despedían una radiación que atravesaba los cuerpos opacos, y que esta radiación dependía exclusivamente del propio uranio. Henri Becquerel divulgó su descubrimiento en febrero de 1896 ante la Academia de la Ciencia francesa.

A diferencia del hallazgo de Röntgen, el de Becquerel pasó sin pena ni gloria. La comunidad científica apenas hizo caso a las sales de uranio y el propio Becquerel abandonó su investigación por otras que le parecían más atractivas. Fue Marie Curie quien exploró la senda abierta por el físico francés.

Una noche a Pierre le llamó la atención un artículo que se hacía eco del hallazgo de Becquerel.

—A ver qué te parece este experimento —dijo, tendiéndole la revista a su mujer.

Marie, que acababa de publicar su primer artículo sobre el magnetismo del acero templado, lo leyó.

—Me sorprende que el uranio emita rayos fluorescentes —dijo—. ¿Y si dedico mi tesis a la investigación de esos rayos?

Para llevar a cabo su plan, Marie necesitaba un laboratorio. Pierre consiguió que el director de la Escuela de Física y Química Industriales le cediera un taller en la planta baja, un viejo cuarto con ventanales sucios y techo de vidrio que tenía al menos cuatro mesas grandes de roble, estantes, agua y una estufa. Con la ayuda de Pierre, Marie dispuso en una mesa dos placas circulares de metal, una con una carga positiva y, tres centímetros por encima, otra con una carga negativa. Luego extendió una capa de uranio en la placa inferior. Marie sabía que los rayos de Becquerel podían ionizar el aire, esto es, convertirlo en un conductor de electricidad. Si lograba medir esas pequeñas corrientes eléctricas podría calcular también la radiación.

Gracias al electrómetro de Pierre y Jacques, Marie logró cuantificar la intensidad de la corriente eléctrica y, por tanto, la cantidad de radiación emitida por el uranio. Tras llevar a cabo miles de mediciones, descubrió que el único factor que determinaba la intensidad de la radiación era la cantidad de uranio que había en la

placa. Los factores externos, como la temperatura de las sales, no eran decisivos.

—Tal vez haya más sustancias, aparte del uranio, que emitan este tipo de rayos —le dijo a Pierre una noche, mientras tomaban una taza de té—. Lo mejor será que pruebe con todos los elementos.

Marie poseía dos cualidades imprescindibles para dedicarse a la ciencia: una curiosidad insaciable y un tesón a prueba de fracasos. Así, consiguió que varios científicos, entre ellos algunos profesores de la Sorbona, le proporcionaran muestras de elementos químicos puros. Su punto de partida era la tabla periódica que el científico ruso Dimitri Mendeleyev había presentado a finales de 1860, y que consistía en una ordenación sistemática de los sesenta y tres elementos conocidos y catalogados hasta el momento.[29]

Entre tanto, Marie se quedó embarazada. Durante los tres primeros meses sufrió náuseas y vómitos; además, estaba siempre cansada. "No tengo mala cara, pero me cuesta trabajar", escribió a Kazia. Aun así, no dejó de ir al laboratorio ni un solo día. Al fin, el 12 de septiembre de 1897 dio a luz a una bebé preciosa a la que llamaron Irène. Marie le dio el pecho durante tres meses y luego contrató a una nodriza* para que amamantara y cuidara de la niña unas horas, cosa que le permitió pasar más tiempo en el laboratorio pero que, a la vez, obligó a los Curie a apretarse el cinturón. Las cuentas no salían.

—Han sacado a concurso la cátedra de Física y Química de la Sorbona —dijo un día Pierre—. Son diez mil francos al año. Me han animado a que me presente.

—Nadie discutirá tus méritos —respondió Marie.

Sin embargo, Pierre no obtuvo la cátedra. Al menos consiguió que le asignaran algunas clases prácticas en la Politécnica por doscientos francos al mes. A Marie, por su parte, la contrataron como profesora de Física en la Escuela de Magisterio de Sèvres. Gracias a estos progresos, pudieron mudarse a una casita con jardín en el número 108 del bulevar Kellerman. Eugène, el padre de Pierre, se fue a vivir con ellos. Estaba solo desde la muerte de su esposa y se sintió muy contento de poder ayudar con los cuidados de Irène.

Los esfuerzos de Marie en el laboratorio no tardaron en dar sus frutos. En primer lugar, descubrió que al menos otro elemento, el torio, despedía rayos. En segundo lugar, se dio cuenta de que la chacolita y la pechblenda, minerales de uranio, eran mucho más activos que el uranio puro. Por aquel entonces, en febrero de 1898, Pierre abandonó definitivamente su línea de investigación sobre los cristales y el magnetismo para unirse a la de Marie. Decidieron indagar en las propiedades de la pechblenda, propósito que les obligó a trabajar muy duro. Un colega de Pierre, Gustave Bémont, les sugirió el procedimiento que debían seguir: había que machacar la piedra parda en el almirez* y disolver el polvo en ácido una y otra vez para ir separando los componentes de la pechblenda.

Marie creía que la fuerte radiación que observaba en la solución de pechblenda procedía de un elemento químico nuevo. Y estaba en lo cierto: al final obtuvieron una sustancia cuya radiación era unas quinientas veces superior a la del uranio.

–Tu intuición era acertada –dijo Pierre–. Ahora debes ponerle nombre a este nuevo elemento.

–¿Qué te parece si lo llamamos polonio? –propuso Marie.

–¡Ya salió la polaca patriótica! –dijo Pierre cariñosamente.

El 18 de julio de 1898 Henri Becquerel leyó ante la Academia de las Ciencias una memoria en la que el matrimonio Curie divulgaba su hallazgo. Al no formar parte de la institución, no podían presentarla ellos mismos. En el informe, figuraba una nueva palabra acuñada por Marie que se haría célebre y cuyo significado era 'capacidad de emitir rayos': radiactividad.

El descubrimiento del radio

Después de hacer públicos los resultados de su investigación, Marie y Pierre se tomaron unas merecidas vacaciones. Pierre sufría dolores reumáticos,* Marie estaba pálida como la cera y ambos padecían cansancio crónico. Ninguno de los dos achacaba el evidente deterioro de su salud a la manipulación de sustancias radiactivas porque, por aquel entonces, nadie sabía aún lo nocivas que podían ser para el organismo.

El matrimonio alquiló una casa de campo en un pueblo de Auvernia, a seiscientos kilómetros de París. Durante las vacaciones, Irène, que daba ya sus primeros pasos, reclamó la atención que sus padres le habían escatimado para dedicársela a la ciencia. De regreso a París, Marie y Pierre se despidieron de Bronia y Kazimierz, que abandonaban la capital francesa para emprender un gran proyecto: la apertura en Zakopane de un hospital para enfermos de tuberculosis, el mal que había matado a Bronislawa Sklodowska. El verano siguiente los Curie visitarían el hospital de los Dluski, en el corazón de los Cárpatos.

Con el nuevo curso Marie y Pierre reanudaron sus investigaciones sobre la radiactividad y, en concreto, sobre las propiedades de la pechblenda. Incluso después de aislar el polonio, el mineral emitía una radiactividad sorprendente. ¿Significaba esto que había otro elemento radiactivo por descubrir?

—La radiactividad tiene una naturaleza atómica, se produce cuando los átomos de los elementos se desintegran —le dijo Marie a su marido—, así que en la pechblenda tiene que haber otro elemento que la genera.

—Tendríamos que aislar ese elemento —respondió Pierre—, pero para eso necesitamos una cantidad ingente* de pechblenda.

Por desgracia, se trataba de un mineral muy caro. Después de hacer varias pesquisas, Pierre y Curie dieron con una gran reserva de residuos de pechblenda en las afueras de St. Joachimsthal, en Bohemia (hoy parte de Chequia). Los residuos procedían de una mina de uranio cercana.

—Es probable que esos restos conserven suficientes trazas de metal, Pierre —dijo Marie.

Y comenzaron a negociar la adquisición de la pechblenda con la mediación de un colega austríaco. Por fortuna, el Gobierno de Austria, propietario de la mina de uranio, les cedió gratuitamente una tonelada de residuos.

Entre tanto, se pusieron a buscar un nuevo laboratorio, porque ¿dónde iban a guardar una cantidad semejante de pechblenda? Pierre obtuvo permiso para utilizar un barracón que había frente a la Escuela de Física y Química Industriales, en la misma calle Lhomond. Era un lugar sombrío, frío en invierno y caluroso en verano, que se había utilizado como sala de disecciones.* Años después, un periodista lo describiría como "una barraca destartalada de madera, con suelo desigual de tierra, paredes de yeso, el techo de hojalata, con goteras y una luz débil".

Para alegría del matrimonio, un día de primavera de 1899 llegó a la calle Lhomond un carro de carbonero cargado con sacas rebosantes de un polvo marrón, el residuo de la pechblenda. Con la ayuda del carretero, los Curie llevaron las grandes sacas, de entre quince y veinte kilos cada una, hasta el laboratorio. Tenían por delante unos cuantos meses de duro trabajo.

En primer lugar, debían extraer del residuo los elementos que no fueran radiactivos. Obtuvieron cloruro de bario y Marie lo sometió a la cristalización fraccionada, un proceso muy laborioso para conseguir sustancias químicas puras consistente en mezclar el material con un disolvente, calentarlo y enfriarlo hasta que sus componentes cristalicen. Cada componente cristaliza a una velocidad distinta, de modo que se van eliminando de la solución los que son inservibles o irrelevantes. El procedimiento se repite cuantas veces sean necesarias hasta obtener el componente deseado.

Con la ayuda de Pierre, Marie llevó a cabo el proceso de cristalización en miles de ocasiones. Como anotó en su diario, el laboratorio estaba repleto de contenedores llenos de líquidos que debía remover y mezclar con otras soluciones, un procedimiento desagradable y tedioso que la dejaba agotada. Además, Marie alternaba su investigación con las clases, el cuidado de Irène y la administración de la casa. En sus experimentos contaba con la asistencia ocasional

de André-Louis Debierne, un discípulo de Pierre que con el tiempo se convertiría en el fiel ayudante de Marie.

Al principio, los Curie pensaban que cien kilos de pechblenda serían suficientes para obtener un gramo de sal de radio pura, pero necesitaron muchos más residuos y tres años de trabajo tenaz.

Una noche de 1902, después de dormir a Irène, Marie bajó por la escalera de casa y le dijo a su suegro:

—Eugène, salimos un ratito —y mientras recogía los sombreros y los abrigos del perchero se dirigió a su marido—: ¿Vamos, Pierre?

—¿A estas horas? —preguntó él, extrañado.

Marie lo llevó al laboratorio. Abrieron la puerta y en la oscuridad vieron las lucecitas pálidas que parpadeaban en los tubos de cristal. La sal de radio relucía como una luciérnaga azulada. Habían obtenido un decigramo de radio puro.

—Ahí lo tienes, Pierre –dijo Marie.

Aquel año, sin embargo, no todo fueron alegrías para Marie. En mayo recibió un escueto telegrama* de Varsovia: "Padre enfermo muy grave". A Wladyslaw lo habían operado de la vesícula unos días antes y su recuperación se había complicado. Marie corrió a renovar el pasaporte y a sacar un billete de tren para Varsovia. Al cabo de dos días llegó a casa de Józef con la esperanza de encontrar vivo a su padre, pero ya era tarde: Wladyslaw yacía en el ataúd.

—Perdona, papá, por haberme quedado en Francia –le dijo Marie como si él pudiera escucharla–. He sido una mala hija. Sé que te hubiera gustado que me quedara aquí contigo.

A pesar de todo, 1903 fue el mejor año para los Curie. Hacía ya tiempo que Pierre y Marie divulgaban sus hallazgos sobre la radiactividad en las publicaciones especializadas y se habían labrado una buena reputación científica. Era el momento de recoger los frutos de tanto esfuerzo.

En primer lugar, la Academia de Ciencias francesa les dio un premio de veinte mil francos por haber encontrado un nuevo elemento químico. Después, en junio, Marie acompañó a Pierre a Londres, donde debía dar una conferencia en la Royal Society. Pierre habló en francés y, con las luces apagadas, mostró a los científicos ingleses los prodigios de los nuevos rayos, su capacidad para atravesar metales y su poder de refracción, esto es, la capacidad de cambiar de dirección. Marie era la única mujer que había en la gran sala. Al final, el matrimonio recibió la medalla de oro de la prestigiosa institución con sus nombres grabados. En el banquete de homenaje las esposas de las autoridades y de los miembros de la Royal Society miraron sorprendidas a Marie, que vestía un traje vulgar, no lucía ninguna joya, tenía las manos estropeadas y se dedicaba a la química. A sus ojos, era una mujer rara. Cuando regresaron a París, Pierre y Marie dieron la medalla de oro a Irène para que jugara con ella.

El 25 de junio Marie defendió su tesis doctoral en la Sorbona entre una gran expectación. Estudiantes, periodistas, mujeres de las

asociaciones feministas, curiosos, un grupo de polacos y algunas estudiantes bulliciosas de Sèvres escucharon atentamente la exposición de la doctoranda. No entendían nada de la investigación sobre sustancias radiactivas, pero sentían un enorme respeto por aquella mujer tan sabia de treinta y seis años.

Tras las deliberaciones del tribunal, su presidente, el profesor Lippmann, anunció:

—La Sorbona de París concede el título de doctora en Ciencias a la señora Marie Curie con calificación sobresaliente *cum laude*.

Era la nota más alta. Retumbaron los aplausos y los periodistas salieron de estampida para escribir la noticia sobre la primera mujer en doctorarse por la Sorbona de París.

Los Curie pasaron aquel verano en Normandía. A principios de noviembre Marie sufrió una gripe que hizo más evidente la anemia crónica que padecía.

No obstante, el día trece de aquel mes ya estaba de vuelta en el laboratorio. Llovía y hacía frío, y poco después de mediodía asomó por la puerta un hombre trajeado con un ramo de flores y un sobre en cada mano.

—¿Señores Curie? Soy consejero de la Embajada sueca. Señora... —dijo, entregando las flores a Marie—. Señor Curie... —añadió, tendiéndole el sobre a Pierre—. Enhorabuena.

Pierre sacó un telegrama del sobre y lo leyó en voz alta: "En su sesión del 12 de noviembre de 1903, la Real Academia Sueca de Ciencias ha decidido conceder el premio Nobel de Física por partes iguales al profesor Henri Becquerel y a Pierre y Marie Curie".

Las mieles del éxito

Los setenta mil francos del premio Nobel les dieron a los Curie la seguridad económica que nunca habían tenido, pero, a cambio, una inesperada popularidad les arrebató su vida apacible y metódica. Un enjambre de periodistas y fotógrafos rondaba el callejón Lhomond y hacía guardia en el 108 del bulevar Kellerman, ante "la coqueta casa donde se alberga la felicidad íntima de dos grandes sabios", según decía una crónica de la época. Los reporteros incluso llegaron a meterse en el jardín para fotografiar a Irène columpiándose. "Han llegado a reproducir el diálogo de mi hija con la sirvienta", escribió Pierre a su colega Georges Gouy.

Los titulares de la prensa fabulaban con la ridícula historia de la "Cenicienta polaca" que se había convertido en toda una reina de la ciencia gracias a su príncipe francés. Sin embargo, no hubo coronación porque a los Curie les resultó imposible ir a Estocolmo en diciembre. Pierre propuso al presidente de la Academia sueca recoger el premio en junio y dar entonces su discurso.

Aunque la modestia natural de Pierre y Marie era un buen antídoto contra la popularidad, lo cierto es que estaban abrumados. Recibían cientos de cartas y telegramas de felicitación, invitaciones, poemas sobre el radio, peticiones de dinero y de autógrafos... "Un americano me pide permiso para llamar Marie Curie a una yegua de carreras", escribió Marie a su hermano. "No contesto a ninguna carta, pero leo muchas".

Sin embargo, un día hizo una excepción. Marie recibió una carta de la bailarina norteamericana Loie Fuller, que cada noche actuaba en el Folies Bergère, el cabaré* más famoso de París. Se hacía llamar "El Hada de la Luz" porque bailaba envuelta en gasas y velos alumbrados por luces de colores. Por aquel entonces la luz eléctrica causaba sensación. En muchas calles se habían sustituido ya las farolas de gas por otras eléctricas, y unos años antes habían iluminado de arriba abajo la Torre Eiffel con cinco mil bombillas para la Exposición Universal de 1900.

–Qué graciosa –añadió Marie–. Escucha, Pierre, Loie Fuller nos pregunta si con el radio se puede hacer un traje fosforescente de ballet, con tutú y alas radiactivas de mariposa.

Marie, divertida, le contestó: "Lamento desilusionarla, pero lo que nos pide es imposible". Aun así, la bailarina preparó una función especial para los Curie. Unos electricistas llenaron el comedor del matrimonio de cables y bombillas, y "El Hada de la Luz" bailó envuelta en unos velos vaporosos que, iluminados con unas luces del color del arco iris, la transformaban en flor, diosa, bruja o ave tropical. Irène y las hijas de los vecinos estaban fascinadas.

Por aquel entonces Marie volvió a quedarse embarazada. Esta vez apenas tuvo molestias, pero sufrió un aborto en el quinto mes. "Era una niña, Bronia", escribió a su hermana. "Estoy desolada. ¿Crees que la he perdido a causa de la fatiga?". A Marie no se le ocurrió pensar que quizá había abortado por culpa de las sales radiactivas y las soluciones de radio y polonio que Pierre y ella llevaban años manipulando.

Pierre tampoco tomaba precauciones contra la radiación. Padecía unos fuertes dolores en los huesos que, según los médicos, se debían al reuma. Como Marie, tenía desescamada la piel de los dedos y las manos salpicadas de ronchas rojizas. Con todo, algunos científicos empezaban a intuir los peligros potenciales de la radiactividad. Tras conocer las advertencias que había hecho públicas un médico alemán, Pierre se puso sales de radio en un brazo. Al cabo de unas horas le salió una llaga que tardó semanas en cerrarse y le dejó una cicatriz gris en la piel.

Incluso hizo pruebas en ratones y conejillos de Indias con tumores cancerosos, y comprobó que, si bien el radio podía destruir los tumores, también mataba a los animales cuando la exposición era prolongada. El dermatólogo Henri-Alexandre Danlos y otros médicos pidieron a los Curie algunos tubos radiactivos para aplicarlos a los enfermos y vieron que el radio mataba células enfermas y curaba tumores malignos. Había nacido la "curieterapia" contra el cáncer, un gran avance para la humanidad.

La concesión del premio Nobel hizo justicia a los Curie. Se creó una cátedra en la Sorbona para Pierre, y Marie fue nombrada directora de un gran laboratorio al que se destinó un presupuesto de treinta mil francos. Gracias a la cátedra de Pierre, el sueldo de Marie y la dotación del Nobel, la familia podría vivir con holgura. Marie, además, dispondría de más tiempo y muchos más recursos para investigar en las mejores condiciones posibles.

Con todo, solo se decidió a dejar las clases en Sèvres cuando, en marzo de 1904, descubrió que estaba embarazada de nuevo. Ève, la segunda hija del matrimonio Curie, nació el 6 de diciembre. A diferencia de su hermana, que era rubia y con los ojos verdes y castaños, Ève tenía el pelo oscuro y los ojos azules de su padre y su abuelo.

Cuando los Curie hicieron público el descubrimiento del radio, se desató una especie de moda radiactiva. Los empresarios más avispados* inundaron la prensa de anuncios que ensalzaban las propiedades fabulosas de pomadas, champús y tónicos compuestos, supuestamente, con radio y torio. Por ejemplo, en Francia se comercializó una crema facial llamada Tho-radia que prometía dejar un cutis radiante.

Marie y Pierre se habían regido por unos principios altruistas* al compartir información desinteresada con los médicos e investigadores que querían explorar las bondades de la radiactividad. Llegó el momento en que, no obstante, tuvieron que plantearse la posibilidad de patentar sus descubrimientos; si registraban la técnica para producir radio, se harían de oro.

—¿Qué hacemos, Marie? —insistió Pierre.

—El espíritu de la ciencia es contrario al dinero —respondió tajante Marie—. Además, el radio cura tumores malignos. No quiero aprovecharme de los enfermos.

—Yo pienso lo mismo que tú, querida —concluyó Pierre.

La decisión de los Curie era coherente con el espíritu científico de la época: más que enriquecerse, los investigadores tenían como objetivo contribuir al progreso y el bienestar común. Un caso ejemplar era el de Röntgen, que no quiso patentar el descubrimiento de los rayos X en beneficio de la humanidad e incluso se negó a que los rayos llevaran su nombre. Paradójicamente, murió casi arruinado.

Cuando en junio de 1905 Pierre recogió el Nobel en Estocolmo, en su discurso mencionó a Marie varias veces para dejar constancia de la relevancia de sus investigaciones en el campo de la radiactividad. Pero también advirtió a la comunidad científica de los peligros que podía encerrar el uso del radio, sobre todo si este caía en manos de gente con intenciones aviesas.* También expresó su convicción de que el radio iba a aportar muchos más beneficios que perjuicios a la humanidad. Sea como fuere, no resulta descabellado pensar que, por aquel entonces, Pierre ya era consciente del daño que estaba causando la radiación a sus maltrechos huesos.

De la gloria al infierno

El jueves 19 de abril de 1906 las cosas cambiaron radicalmente para los Curie. La familia había pasado unas placenteras vacaciones de Pascua en Chevreuse, una aldea cercana a París. Aquel día, no obstante, Pierre y Marie tuvieron una pequeña discusión. Ella estaba cuidando de las niñas y Pierre le preguntó cuándo iba a regresar al laboratorio. Curiosamente, a la infatigable Marie le estaba costando volver a la dura disciplina, y no era la primera ocasión en que Pierre se lo recordaba. Por eso ella, irritada, le contestó que no lo sabía y que dejara de molestarla. Fueron las últimas palabras que se cruzaron.

Pierre se caló el sombrero, tomó el paraguas y salió a la calle. Trabajó un par de horas en el laboratorio y luego asistió a una reunión de la Asociación de Profesores de la Facultad de Ciencias. A las dos y media se dirigió a la imprenta de la editorial Gauthier-Villars para recoger las pruebas de su último artículo, pero la encontró cerrada porque los empleados estaban en huelga. Pierre se encaminó entonces a la biblioteca del Instituto Francés. Distraído, tomó la calle Dauphine, una vía con aceras estrechas que da al Puente Nuevo. Para sortear a los transeúntes armados con paraguas, Pierre bajó a la calzada. Cerca ya de la biblioteca, adelantó a un coche justo cuando llegaba en sentido contrario un carro cargado con cuatro toneladas de ropa y suministros militares. Al ver que el carro se le echaba encima, Pierre intentó detenerse, pero resbaló en los adoquines mojados y cayó al suelo. El carretero fue incapaz de frenar a los caballos encabritados y el carro arrolló a Pierre. Una de las ruedas traseras le aplastó el cráneo.

El carro se detuvo unos metros más allá. Los peatones gritaron horrorizados y algunos corrieron a socorrer a la víctima, pero no sirvió de nada. Pierre había muerto al instante. El carretero, un mozo de veintiséis años llamado Louis Manin, se apeó del carruaje.

—¡No he podido parar a tiempo! —decía deshecho en lágrimas—. ¡No he podido parar a tiempo!

Algunos transeúntes le gritaron:

—¡Asesino! ¡Asesino!

—¡Yo no tengo la culpa! —intentó defenderse el pobre carretero—. Se ha tirado debajo del caballo.

Varios transeúntes lo rodearon, amenazadores, pero dos gendarmes* se abrieron paso entre la gente a tiempo de protegerlo. Al cabo de un rato, llegaron dos camilleros y se llevaron el cadáver a la comisaría de policía más cercana. Identificaron a Pierre Curie gracias a las tarjetas de visita que llevaba en la cartera.

Dos horas y media después, hacia las cinco de la tarde, Paul Appell, que por aquel entonces era el decano* de la Facultad de Física, y Jean Perrin, vecino de la familia, llamaron a la puerta de los Curie. Marie no estaba en casa y salió a abrir Eugène, que en cuanto vio las caras sombrías y compungidas* de los dos hombres supo que su hijo había muerto.

Los tres esperaron a Marie, que llegó poco antes de las seis.

—Señora Curie —dijo Appell—, lamento informarle de que…

Marie lo escuchó impasible. El profesor acabó de explicarle lo sucedido y, como ella guardó silencio, prosiguió diciendo que la Facultad ofrecería un aula para la capilla ardiente* y que…

—¿Pierre ha muerto? —lo interrumpió, aturdida, Marie—. ¿Mi Pierre? ¿De verdad?

Jean Perrin la tomó del brazo y ella se dejó caer en el sofá, llorando con desconsuelo.

La noticia de la muerte de Pierre Curie compartió la primera página de los periódicos parisinos con las crónicas del terremoto que había sacudido la ciudad californiana de San Francisco.[30] La prensa tildó de "trágico" el accidente que le había costado la vida a toda una gloria científica francesa a los cuarenta y seis años. Algunos diarios incluían grabados que recreaban el accidente y ofrecían detalles irrelevantes o truculentos* para acentuar la fatalidad del suceso. *Le Journal*, por ejemplo, contó que los caballos del carro eran "jóvenes y poco habituados a circular por París", y que el cochero tenía dos hijos de corta edad. Sin embargo, apenas algún reportero se acordó de Marie y, los que lo hicieron, la citaron injustamente como "la ayudante del descubridor del radio".

Al día siguiente, por la casa de los Curie desfilaron numerosos ciudadanos para expresar sus condolencias a la familia. Eugène y Jacques Curie, que había viajado desde Montpellier en un expreso,* atendieron a amigos, profesores y autoridades. Marie no quiso ver a casi nadie y se opuso a organizar un entierro multitudinario o una ceremonia religiosa.

Y se hizo según su gusto. Pierre Curie fue enterrado a las cuatro de la tarde del sábado en el cementerio de Sceaux. Fue una ceremonia íntima y austera, aunque el ministro de Educación, Aristides Briand, se sumó por su cuenta al cortejo fúnebre. Su coche oficial era el último de los seis vehículos de la caravana. En el cementerio esperaban dos docenas de personas enlutadas y varios periodistas apostados tras los castaños y las sepulturas cercanas.

El domingo Marie fue a casa de los vecinos, donde había dejado a las niñas dos días atrás, para hablar con Irène.

—Tengo que darte una noticia muy triste —le dijo—. Papá murió el jueves. Fue un accidente.

Como Marie se lo dijo sin mostrar ninguna emoción, la niña, que por aquel entonces tenía nueve años, pareció no entenderlo o tal vez prefirió hacer caso omiso. "Irène me dejó marchar sin decir ni una palabra", anotó su madre en el diario íntimo que empezó a escribir aquellos días. "Luego vino a verme y lloró muchísimo. Después regresó a casa de sus amigos para olvidar. No me pidió ningún detalle del accidente". A Ève, que tenía un año y medio, nadie le habló de lo sucedido. Marie tomó la decisión de no volver a hablar de Pierre a sus hijas, como si nunca hubiera existido, porque pensó que sería lo mejor para ellas. En aquella época se desconocía aún lo nocivo que podía ser reprimir los hechos dolorosos.

Marie, por otra parte, nunca había sido una madre efusiva y, desde la muerte de Pierre, se mostró más fría aún. No obstante, amaba a sus hijas y se esmeró en que ambas crecieran sanas y recibieran una buena formación científica y moral. Se ocupó de inculcarles el sentido del deber, la conciencia social, el amor a la naturaleza, el interés por la ciencia, la importancia de la higiene, la alimentación sana y el gusto por el deporte.

Catedrática de la Sorbona

Tras la muerte de Pierre, Marie cayó en una honda depresión. Caminaba por la casa como una autómata, sin manifestar ni un ápice del profundo dolor que sentía. Estaba, además, desorientada. Cuando ella y Pierre escribían un artículo científico, empleaban siempre el plural para que quedara constancia de que los experimentos y los hallazgos les pertenecían a los dos. Ahora Marie tenía que hacerse a la idea de que ya no volvería a ser así.

Un día Marie le pidió a Jacques, su cuñado, que la acompañara al laboratorio. Marie se puso la bata gris, se sentó y acarició los tubos y las balanzas con las manos.

—Estábamos trabajando en un proyecto esperanzador –dijo.

La radioterapia se empleaba ya en muchos hospitales de Europa y Estados Unidos, aunque faltaba encontrar una unidad universal para determinar las dosis que había que aplicar a los enfermos de cáncer. Marie y Pierre se propusieron encontrar esa unidad, pero, como carecían de balanzas capaces de pesar milésimas de gramo, decidieron calcular los rayos que emitían las sustancias radiactivas. Con la muerte de Pierre la investigación se había quedado a medias. ¿Tendría fuerzas para seguir ella sola?

Para desahogarse, Marie decidió escribir un diario íntimo. Nunca antes había llevado uno, ni siquiera de adolescente. Ahora escribía de manera torrencial, en francés, para explicarle a Pierre lo sola que se sentía y su sentimiento de culpa por seguir viva. Años más tarde, cuando se deshizo de todos sus papeles personales, quiso guardar aquel cuaderno, tal vez para dejar constancia de cuánto había amado a Pierre. La entrada del 7 de mayo de 1906 decía:

Pierre, mi Pierre, pienso en ti constantemente. Me estalla la cabeza y se me turba la razón. No comprendo que tenga que vivir sin verte, sin sonreír ante el dulce compañero de mi vida.

Y el 14 de mayo escribió:

Te digo, Pierre, mi Pierre, que no me gustan el sol ni las flores. Me siento mejor en los días grises, como el de tu muerte.

La Academia de Ciencias celebró un homenaje póstumo a Pierre Curie. El célebre matemático Henri Poincaré elogió su dedicación a la ciencia y su modestia, su carácter afable y sus ideales éticos. Sin embargo, los homenajes y reconocimientos no iban a solucionar el futuro de Marie ni el de sus hijas. Los amigos de Pierre se ofrecieron a conseguirle una pensión del Estado, pero ella rehusó.

—No quiero ninguna pensión —les dijo con firmeza y no sin cierta indignación—. Soy joven, puedo ganarme la vida yo sola y sacar adelante a mis hijas.

Lo que sí aceptó Marie sin dudar fue hacerse cargo de los cursos de Pierre. El 13 de mayo de 1906 el Consejo de Ciencias francés decidió por unanimidad nombrarla titular de la cátedra de Física de la Sorbona con un sueldo de diez mil francos anuales. El estupor fue general: ¿una profesora en la universidad más prestigiosa de toda Francia? Marie, en efecto, iba a ser la primera mujer docente desde la fundación de la universidad en 1257.

El verano se le echaba encima y Marie decidió pasarlo en París preparando las clases y trabajando en el proyecto que ella y Pierre habían dejado a medias. Irène se fue con el abuelo Eugène a la costa y Ève al campo con la tía Hela, que ahora era maestra, y con su marido, fotógrafo.

Durante los largos días de agosto, Marie sintió que la casa se le caía encima. Decidió mudarse, pero antes decidió consultárselo a su suegro.

—Quiero irme a vivir fuera de París —le dijo—. A Sceaux, que es más tranquilo. ¿Qué le parece, Eugène?

—Es cosa suya, Marie —respondió Eugène—. Ahora que no está mi hijo usted querrá reorganizar su vida. Me iré a vivir con Jacques o quizá busque una casa para mí solo.

—Si se va, me dará un gran disgusto y las niñas se quedarán sin su abuelo —repuso Marie—. Ya sabe cuánto lo quieren, Eugène.

Así, hasta su muerte el 25 de febrero de 1910, Eugène siguió viviendo con Marie y sus nietas.

Toda la familia se mudó a una casa en Sceaux, en plena naturaleza. Marie instaló un trapecio* para sus hijas y plantó tomates, judías verdes y melones en un rincón del jardín. Cuando podían, daban largas caminatas y paseos en bicicleta por los alrededores.

Para Marie, el único inconveniente de vivir en las afueras de París era el tiempo que tardaba en llegar a la Sorbona, media hora hasta la estación de la plaza Denfert-Rochereau y otra media an-

dando hasta la Facultad. La gente la reconocía y solía dejarle libre el mismo asiento en el mismo vagón de segunda clase. Marie regresaba a casa por la tarde, sin nada más que una pieza de fruta o un panecillo en el estómago, como cuando era universitaria.

El lunes 15 de noviembre de 1906 visitó la tumba de Pierre antes de ir a la Facultad de Ciencias. Ese día daría su primera clase como catedrática en la Sorbona. Nueve días antes un periodista había escrito en *Le Journal* que el hecho de que una mujer diera clases en la Sorbona era "una gran victoria del feminismo... ¿Dónde queda a partir de ahora la pretendida superioridad del varón? El tiempo en que las mujeres serán tratadas como seres humanos se aproxima".

La expectación ante la primera clase de Marie Curie era tal que, una hora y media antes del acto, a la puerta del anfiteatro se agolpaban trescientas personas, cien más de las que permitía el aforo. Eran estudiantes, artistas, periodistas, compatriotas polacos, feministas, profesores, algún político... Hacia la una y cuarto de la tarde los bedeles abrieron la puerta. En cuanto se llenó la gran sala escalonada, la cerraron entre las protestas airadas de los que se quedaron fuera.

Paul Appell pidió silencio y anunció que la profesora Marie Curie había rechazado la "toma de posesión" oficial de la cátedra para seguir el curso justo donde su marido lo había dejado. Y a la una y media en punto los asistentes rompieron a aplaudir al ver salir por la puerta del fondo a la nueva catedrática, una mujer de treinta y nueve años muy delgada, de frente amplia y pálida, con el pelo recogido hacia atrás y de luto riguroso.

Marie dejó unas hojas sobre la mesa y esperó a que cesaran los aplausos. Con voz clara y serena empezó la lección de una hora: "Cuando se considera el progreso de la física en los últimos diez años...". Casi nadie entendió su monótona exposición sobre la radiactividad y la teoría de los iones en los gases, pero los asistentes la escucharon respetuosamente y, al final, volvieron a aplaudir con fervor hasta que desapareció por la puerta del fondo.

Prestigio, familia y escándalo

Marie afrontó con la acostumbrada entereza su condición de mujer en un mundo de hombres, y se empeñó en demostrar que no había heredado la cátedra de la Sorbona por ser la viuda de una eminencia, sino por sus méritos científicos y académicos. Preparaba las clases concienzudamente y comenzó a formar a un grupo de jóvenes investigadores gracias a las becas de un mecenas* norteamericano.

Entre la muerte de Pierre en 1906 y el estallido de la Primera Guerra Mundial en 1914, Marie dictó el primer curso sobre radiactividad en el mundo, publicó dos libros fundamentales para la disciplina, entre ellos un extenso *Tratado de radiactividad* (1910), y obtuvo otro premio Nobel, esta vez de Química (1911), por sus avances en ese mismo campo. En ningún momento quiso aprovechar su fama y su prestigio para ganar dinero. Así, donó a su laboratorio el gramo de sal de radio que habían aislado Pierre y ella, valorado en un millón de francos.

Mientras desarrollaba una intensa actividad docente y científica, dedicó muchos esfuerzos a darles a sus hijas una buena educación. No le gustaban los colegios privados que preparaban a las muchachas para ser elegantes y buscar marido, ni las escuelas públicas que separaban a los estudiantes por sexo y basaban el aprendizaje en la memorización de datos y fechas. Marie quería que sus hijas gozaran de una completa educación científica y humanística, y que no se las discriminara por ser mujeres. Aunque nunca militó en ninguna de las asociaciones feministas que proliferaron en la época, tenía la certeza de que la emancipación de la mujer empezaba por una educación igual para niños y niñas.

Al final, decidió organizar una escuela inspirada en la universidad clandestina de la que había disfrutado de joven en Varsovia. Habló con sus vecinos, entre los que había profesores, artistas y especialistas de diversas disciplinas, y entre todos se organizaron para impartir a sus hijos e hijas lecciones de las distintas materias. Marie se encargó de las clases de física, que basaba en la observación, la experimentación y la reflexión sobre los distintos fenómenos de la naturaleza. Como maestra de niños era animosa y jovial, muy distinta a la severa catedrática de universidad.

La escuela duró dos cursos. Al tercero se disolvió, en parte porque los niños tenían que preparar el temario oficial para matricularse en bachillerato. En todo caso, Marie consiguió sus propósitos. Irène se revelaría como una alumna brillante y una buena gimnasta, aunque era, como sus padres, poco sociable. También heredó de ellos su vocación científica: con el paso del tiempo, se doctoró con una tesis dedicada a los rayos alfa del polonio, y en 1935 ella y su marido, Frédéric Joliot, que había sido discípulo de Marie, obtuvieron el premio Nobel de Química por sus hallazgos en la síntesis de nuevos elementos radiactivos. Irène murió a los 58 años de una leucemia probablemente causada por la exposición a las sustancias radiactivas. En cambio, Ève, mucho más extravertida, se inclinó desde niña por la música. Sería concertista de piano y autora, entre otras obras, de una biografía sobre su madre publicada en 1937, y murió a los ciento dos años.

Fueron numerosas las universidades y academias científicas que homenajearon a Marie Curie y le abrieron sus puertas. Curiosamente, entre las primeras no estuvo la Academia de las Ciencias francesa, que el 23 de enero de 1911 rechazó la candidatura de Marie. Su oponente era Édouard Branly, un profesor de sesenta y seis años que había mejorado la telegrafía* sin hilos. Los periódicos libraron una batalla ideológica a favor de uno u otro candidato, y "la guerra de sexos" dio lugar a más de una tira cómica en la prensa. La sesión para elegir a uno de los dos candidatos duró más de cuatro horas y fue tan tormentosa que dos académicos casi llegaron a las manos. Los más conservadores se opusieron a Marie

Curie por ser mujer y extranjera, y, al final, Branly ganó la candidatura por treinta votos, dos más que Marie. A lo largo de tres siglos y medio, desde su fundación por Luis XIV, ninguna mujer había formado parte de aquella institución, y así seguiría siendo hasta que en 1962 Marguerite Perey, que curiosamente había sido asistente de Marie, fue aceptada al fin como un miembro más.

Entre los amigos de Marie despuntaba el físico Paul Langevin, uno de los estudiantes más brillantes que había tenido Pierre. Langevin, cinco años más joven que Marie, estaba casado y era padre de cuatro hijos, si bien hacía tiempo que él y su mujer tenían serias desavenencias. Sin apenas darse cuenta, Marie y Langevin se enamoraron. Asistían juntos a seminarios y conferencias científicas, e incluso alquilaron un pequeño apartamento cerca de la Sorbona para encontrarse a solas. Cuando no podían verse, se escribían. Para Marie, la relación con Langevin era una bonita oportunidad de volver a disfrutar del amor.

A principios de noviembre de 1911 recibió dos noticias sorprendentes. Una, la concesión del premio Nobel de Química, la llenó de júbilo. La otra le causó mucha vergüenza y una intensa amargura: alguien, probablemente la mujer de Langevin, había filtrado a la prensa su correspondencia amorosa. *Le Journal* publicó en primera página un reportaje titulado "Una historia de amor. La señora Curie y el profesor Langevin". Con una prosa almibarada y sensacionalista, el reportero Fernand Hauser escribía que "el fuego del radio había prendido una llama en el corazón de un científico, cuya esposa y cuatro hijos quedaban llorando", y recogía unas declaraciones explosivas de la suegra de Langevin: "La *gran sabia* se ha llevado al marido de mi hija y a dos de mis nietos. Están en paradero desconocido".

Al día siguiente, todos los periódicos de París recogían la noticia. Marie intentó desmentirla en una carta a *Le Journal* donde afirmaba que eso de la fuga era una "verdadera locura" y que en realidad había estado en un congreso de Bruselas con otros profesores, entre ellos Albert Einstein. Sus intentos de defenderse fueron inútiles. Día tras día los periódicos avivaron el escándalo y Marie tuvo

que soportar ataques machistas y xenófobos. Para sus detractores, era la "polaca judía" robamaridos.

El escándalo trascendió las fronteras parisinas. Los periódicos de Londres, Berlín y Nueva York se hicieron eco de la relación amorosa de Marie, e incluso corrió el rumor de que la Academia Sueca iba a retirarle el premio Nobel. La polémica entre sus defensores y detractores alcanzó tal virulencia* que dos periodistas franceses se desafiaron a un duelo a pistola. Incluso el propio Paul Langevin se enfrentó a Gustave Téry, el director del semanario sensacionalista *L'Oeuvre*, cuando este publicó algunos pasajes de las cartas que le había enviado Marie. Al final, ella se refugió en su familia y sus amigos, a la espera de que amainara el temporal.

En diciembre, la descubridora del radio viajó a Estocolmo con Irène y Bronia para recoger el premio Nobel. Las tres disfrutaron de una cena de gala con los reyes de Suecia y de una fiesta campestre en honor de la galardonada. En su discurso, que pronunció el día 11 de diciembre, Marie agradeció el premio, que "constituía también un homenaje a Pierre Curie", pero luego revindicó en primera persona lo que le correspondía a ella: "*Yo* lo llamé radiactividad", "*mi* hipótesis era…". Todavía estaba en Suecia cuando la prensa se hizo eco de la separación de los Langevin; a ella, afortunadamente, ni la mencionaron.

Regresó exhausta de Estocolmo. Había sufrido mucho con la humillación pública y la separación de Langevin, y la fatiga y la melancolía navideña agravaron su pena. Marie cayó en una profunda depresión. El 29 de diciembre entró en una casa de reposo y permaneció allí un mes. A primeros de marzo se sintió algo mejor, así que volvió al aula y al laboratorio. Sin embargo, cuatro semanas después le diagnosticaron una infección de riñón y hubo que operarla. La convalecencia se prolongó hasta el verano. Marie tenía cuarenta y cinco años, pero aparentaba muchos más por culpa del decaimiento, el cabello entrecano y su extrema delgadez. Por aquel entonces pesaba tan solo 47 kilos, diez menos de los que habría sido conveniente.

Radióloga de guerra

En julio de 1914 Marie vio terminado el flamante* edificio que iba a albergar el Instituto del Radio. Llevaba mucho tiempo esperándolo. Había pedido a los arquitectos que las salas fueran amplias y tuvieran ventanales luminosos. Antes de acabar las obras, mandó plantar tilos y plátanos en el jardín, y ella misma sembró unos rosales trepadores junto a la verja. Todo estaba listo para recibir a los investigadores cuando el 3 de agosto Alemania declaró la guerra a Francia.[31] Aquel día las calles de París se llenaron de gente con la bandera tricolor; sonaba «La Marsellesa»[32] y los carteles llamaban a la movilización.

¿Qué debía hacer? Aunque había planeado reunirse en agosto con sus hijas en un pueblecito costero de la Bretaña, no dudó en quedarse en París. Temía que los alemanes, que habían invadido Bélgica, tomasen París y se apoderaran del gramo de radio custodiado en el laboratorio de física. El radio era un bien escaso muy solicitado para la investigación y los usos terapéuticos, y aquel gramo era la mayor reserva disponible en el mundo. De él obtenían gas radón; se recogía en unos tubos finos de cristal que Marie llamaba "bombillas" radiactivas, y se aplicaba en el tratamiento del cáncer, las cicatrices y la artritis.

Del frente de guerra llegaban noticias alarmantes. En la batalla de las Ardenas murieron 27 000 soldados franceses en solo dos días. El 24 de agosto el ejército alemán invadió Francia, y el Gobierno galo se trasladó a Burdeos, temeroso de que los alemanes entraran en París. Muchos parisinos siguieron su ejemplo y la desbandada fue general.

En el laboratorio de la Facultad no quedó nadie, salvo la mujer de la limpieza y el técnico Louis Ragot, que no había sido llamado a filas por sus problemas cardíacos. Marie recurrió a él para poner a salvo el gramo de sal de radio en Burdeos. El 2 de septiembre se presentó en el laboratorio.

—Buenos días, señor Ragot —le dijo—. ¿Cómo está? Lleve la caja al coche, por favor. Pesa mucho. Vamos a Montparnasse.

El mecánico cargó en el Renault la caja de plomo de veinte kilos que contenía el gramo de radio. En la estación no cabía ni un alfiler. Esta vez Marie había reservado dos asientos en un vagón de primera, uno para ella y otro para la caja con el radio. Cuando llegó a la estación de Burdeos, un funcionario se hizo cargo de la caja para guardarla en la cámara acorazada de un banco. Al día siguiente, Marie regresó a París en un tren lleno de soldados que se dirigían al frente, satisfecha por haber puesto el radio a buen recaudo.

Los primeros días de septiembre se libró la encarnizada batalla del Marne. Desde el frente, Claudius Regaud, director del Instituto Pasteur y especialista en la aplicación de los rayos X, se oponía a trasladar a los heridos en trenes y ambulancias porque muchos morían en el viaje. Había que operarlos de urgencia, pero, para eso, los cirujanos necesitaban hacer radiografías y ver con precisión las balas y la metralla alojadas en los cuerpos de los soldados.

Había llegado la hora de actuar. Marie Curie se dirigió al Comité de Socorro Nacional recién fundado por los profesores Paul Appell y Émile Borel.

—Hay que llevar aparatos de rayos X al frente tal y como pide el doctor Regaud —les dijo.

—No será usted quien lo haga, señora Curie —le dijo con afecto el viejo profesor Appell—. No está usted para esos trabajos.

¿Por qué no? Marie se puso manos a la obra. Pese a las trabas burocráticas, obtuvo los permisos del Ministerio de la Guerra para llevar las unidades portátiles de rayos X a los hospitales de campaña. La nombraron directora de radiología de la Cruz Roja y obtuvo los salvoconductos* necesarios para franquear* los controles militares.

Marie volvió a pedir ayuda a Louis Ragot para probar las unidades radiológicas en el frente. Entre los materiales que prepararon, había varios pares de guantes para proteger las manos de los operadores. Por aquel entonces, Marie ya era consciente de lo nociva que podía ser la exposición prolongada a la radiactividad.

Al amanecer del día siguiente, viajó a Verdún en una ambulancia radiológica. Tardó todo un día en recorrer los 260 kilómetros que había hasta el frente, y, cuando se bajó del coche, los centinelas y oficiales se sorprendieron al ver a aquella señora con el brazalete de la Cruz Roja en la manga de la bata.

—Necesito un cuarto oscuro con una mesa camilla —les dijo sin perder tiempo—. Y otro para revelar las placas.

El procedimiento era sencillo. Mientras Ragot extendía el cable y conectaba la dinamo* del motor del coche, ella preparaba la pantalla radioscópica. Luego corrían las cortinas para quedar a oscuras. Cuando entraba el herido en camilla y lo colocaban en la mesa, Marie fotografiaba la herida y después revelaba la placa. El cirujano veía así el proyectil y podía operar con mayor precisión. Fuera esperaban decenas de heridos, sucios de barro y ensangrentados. Eran todos muy jóvenes.

A su regreso a París, Marie pidió los aparatos de rayos X que había disponibles en los laboratorios, logró que fabricasen más y organizó algunos cursos para formar a manipuladoras y enfermeras. Sus hijas volvieron a casa a primeros de octubre, e Irène le dijo que quería hacer un curso de enfermería y aprender a manejar aquellos aparatos. Ante las reticencias de su madre, Irène insistió.

—¿Por qué no puedo ayudar? —dijo—. Voy a cumplir dieciocho años, he estudiado física y química y quiero ser útil.

Al final, Marie accedió e Irène comenzó un curso de enfermera.

Necesitaban coches para transportar las unidades radiológicas, de modo que Marie visitó a algunas personas influyentes, entre ellas la condesa Greffulhe, protectora de Auguste Rodin y Marcel Proust.[33] La condesa, que había asistido a la primera clase de Marie en la Sorbona, la recibió con afecto y no dudó en cederle su automóvil.

—Se lo devolveré cuando acabe la guerra —dijo Marie.

—O lo que quede de él, querida —respondió la condesa.

Marie logró reunir veinte ambulancias equipadas con rayos X que serían conocidas como "pequeñas Curie", si bien, con el paso del tiempo, el ejército llegó a disponer de doscientos coches radiológicos. Marie, que conducía su propio coche, visitó varios hospi-

tales de guerra franceses, desde los que enviaba cartas y postales a sus hijas. El 25 de enero de 1915 escribió a Ève: "Querida hija: en Dunkerke las bombas que han arrojado los aviones alemanes han matado a unas cuantas personas. En Poperinghe se oyen los cañonazos. Te beso tiernamente, mamá".

Entre tanto, Irène se estrenó como enfermera en el hospital de Creil, a cincuenta kilómetros de París. La muchacha no tardó en acostumbrarse a ver y curar soldados gravemente heridos y a en-

frentarse, como su madre, a los militares y los cirujanos que la menospreciaban.

Las pérdidas humanas causadas por la Gran Guerra fueron atroces. A las muertes en el campo de batalla se le sumaron, además, los cientos de miles de bajas causadas por la epidemia de gripe que estaba haciendo estragos en todo el mundo.[34] En los dos últimos años las unidades radiológicas atendieron a un millón cien mil personas y salvaron centenares de vidas. El armisticio que puso fin a cuatro años de barbarie se firmó el 11 de noviembre de 1918. Ese día Marie desfiló en una "pequeña Curie" destartalada por las calles de París, abarrotadas de gente con banderas y de soldados eufóricos.

Marie celebró también la liberación de Polonia después de ciento cincuenta años.[35] Escribió a su hermano Józef: "Nosotros, nacidos en la servidumbre, encadenados desde la cuna, vemos ahora la resurrección que soñábamos para nuestro país. Como tú, tengo fe en el porvenir".

La descubridora del radio nunca presumió de su participación heroica en la Gran Guerra, pero escribió un libro titulado *La radiología y la guerra* con el fin de reivindicar los beneficios de la ciencia para la humanidad. "La gran catástrofe que ha causado un número de víctimas tan espantoso debe avivar nuestra confianza en la investigación científica desinteresada", afirmaba.

Beneficios y peligros de la radiactividad

Ève Curie tocaba al piano una canción de moda, pero la cambió por una polonesa de Chopin al oír que llegaba su madre.

—¿Qué tal, hija? —saludó Marie—. ¿Has estudiado?

—Ya me lo sé todo —respondió Ève.

A los quince años, la muchacha soñaba con ser periodista, lucir ropa elegante y conducir un coche descapotable. No le interesaba nada la ciencia y se aburría con las conversaciones que mantenían su madre y su hermana durante la cena.

Vivían las tres en un piso de estancias grandes, techos altos y suelo de parqué reluciente con vistas al Sena, cerca de Notre Dame. La vida de Marie Curie era rutinaria. A las nueve en punto de la mañana un Ford la recogía en la puerta de casa y la llevaba al Instituto Curie. Pasaba mucho tiempo buscando subvenciones para el laboratorio y para mantener el centro en el que se formaban quince investigadores de todo el mundo; cinco eran mujeres. Marie daba clase en la Sorbona dos días a la semana y el resto del tiempo se encerraba en el Instituto, leía artículos técnicos, contestaba cartas de colegas, resolvía trámites administrativos y revisaba el trabajo de los estudiantes.

Una noche de febrero de 1921 dejó a sus hijas boquiabiertas.

—En abril me voy a Estados Unidos —les dijo de sopetón.

En realidad, había comenzado a concebir aquel viaje en mayo de 1920, cuando recibió la visita de Marie "Missy" Meloney, una periodista de Nueva York que quería entrevistarla. La señora Meloney dirigía la revista femenina *The Delineator* y, aunque en veinte años de profesión había tratado con personalidades de todo el mundo, pocas le habían suscitado tanto interés como Marie Curie. Para las norteamericanas, que acababan de obtener el derecho a voto, aquella científica premiada dos veces con el Nobel era todo un ejemplo.

La periodista se sentó en una silla alta frente a Marie Curie y la observó atentamente. Esta primera impresión quedó reflejada poco después al inicio de su reportaje:

Vi a una mujer pálida y tímida, con un vestido negro de algodón y el rostro más triste que había visto jamás. Sus manos estaban agrietadas. Se frotaba de modo maquinal* la punta de los dedos con el pulgar.

–En el Instituto no hay aparatos modernos –le explicó Marie a la señora Meloney–. Lo más valioso que tenemos es el gramo de sal de radio que donamos Pierre y yo.

–¿Y eso no es suficiente para desarrollar sus proyectos? –preguntó la periodista.

–No, resulta insuficiente para preparar los tubos de emanación de los tratamientos médicos y para los estudiantes –contestó Marie.

–Si hubiera patentado la manera de conseguir el radio, sería usted millonaria y dispondría de más recursos –repuso la periodista.

–El radio no es para enriquecerse –contestó Marie con firmeza–. Es un elemento y, por tanto, patrimonio de todo el mundo.

Luego le explicó a la señora Maloney que, no obstante, Estados Unidos había monopolizado el mercado de sal de radio y había conseguido reunir cincuenta gramos de este elemento.

Fue una entrevista cordial que dejó una honda huella en la periodista. Nada más regresar a Estados Unidos, se embarcó en una campaña para comprar un gramo de sal de radio y donárselo a Marie Curie: publicó algunos artículos en el *New York Times*, habló con laboratorios, asociaciones feministas y rectores de universidad, y promovió una colecta. Una vez hubo reunido el dinero, invitó a Marie a recogerlo.

Marie y sus hijas embarcaron el 7 de mayo de 1921 en el *Olympic*, un transatlántico similar al *Titanic*, que se había hundido nueve años atrás. La señora Maloney les había reservado una lujosa *suite* y, durante los seis días de travesía, Marie apenas se movió de ella. No se encontraba bien y quería evitar a los pasajeros. Ève, en cambio, disfrutó de los bailes que daba cada noche la tripulación.

Los periódicos de Nueva York no solo habían ensalzado los logros científicos de Marie Curie: también habían aderezado su biografía con algunos detalles propios de un cuento maravilloso. Así, fabulaban con la universitaria famélica* que había alcanzado la gloria, la mujer valiente que se había hecho un nombre en un territorio de hombres, la viuda sin consuelo, la benefactora de la humanidad… Cuando el *Olympic* atracó en Nueva York, una muchedumbre entusiasta esperaba en el muelle agitando banderas francesas, polacas y norteamericanas. Marie y sus hijas posaron en la cubierta para decenas de fotógrafos.

Durante las seis semanas que estuvo de gira por Estados Unidos, Marie tuvo que rehuir el acoso de los periodistas y de las bandadas de universitarias que intentaban acercarse a ella. Viajó de una ciudad a otra, la nombraron miembro de varios clubes de mujeres y centros científicos, acudió a recepciones de patrocinadores millonarios y recibió siete doctorados *honoris causa.** En algunos actos académicos la sustituyó Irène, encantada de representar a su ma-

dre. Ève, por su parte, se lo pasó muy bien. Sus radiantes dieciséis años atraían la atención de los periodistas, que la apodaron "la chica de ojos de radio" y destacaron su preferencia por el jazz en detrimento de la ciencia.

Marie sufrió un pequeño accidente en el Waldorf Astoria de Nueva York, donde se reunió con los delegados de más de quinientas sociedades científicas de todo el país. Una fanática le estrujó los dedos y le magulló la mano al saludarla con un entusiasmo desaforado,* y Marie salió del hotel con un brazo en cabestrillo. El viaje culminó con una visita a la Casa Blanca. Allí, Warren Harding, el presidente de Estados Unidos, le entregó el gramo de sal de radio y cincuenta mil dólares que habían sobrado de la compra.

Entre tanto, el Instituto del Radio seguía creciendo. Si en sus inicios tenía dos laboratorios, uno dedicado al estudio de la radiactividad y otro a sus aplicaciones médicas, con el paso del tiempo llegó a acoger a docenas de investigadores. No obstante, cada vez había más documentación sobre científicos que enfermaban y morían tras mantener un contacto prolongado con el radio y otras sustancias radiactivas. Era evidente que, como había sospechado Pierre Curie, la radiación podía ser tan terapéutica como dañina. Poco a poco se descubrió que el radio penetraba en el hueso, impedía la producción de glóbulos rojos y causaba cáncer en la médula ósea. Hoy sabemos que el riesgo de sufrir cáncer depende de la cantidad y la fuerza de la radiación, y que no a todo el mundo le afecta igual.

Durante años Marie trabajó en contacto con sustancias radiactivas a sabiendas de los peligros que podían encerrar. Tomó algunas precauciones en los laboratorios, pero era reacia a reconocer los daños que provocaba la radiactividad. Al fin y al cabo, ¿acaso no había trabajado ella durante años con el radio sin ninguna cautela? En todo caso, su debilidad, las cataratas* y los zumbidos en el oído que la atormentaban desde hacía tiempo la tenían cada vez más escamada. Como escribió a Bronia: "Quizá el radio tenga algo que ver con todas estas dolencias, pero no puede afirmarse con total seguridad. Al fin y al cabo, será mejor que no hable de ellas".

Los últimos años

En sus últimos años de vida, Marie no dejó de viajar por el mundo para disertar* sobre la radiactividad ante médicos y científicos. Visitó España en abril de 1919: dictó una conferencia y recibió de manos de Alfonso XIII la Gran Cruz de la Orden Civil. Volvió dos veces más: en 1931, invitada por el Gobierno de la República, y en 1933 para pronunciar otra conferencia, titulada "El porvenir de la cultura", en la que reivindicaba la función ética de la ciencia. Según Marie, las conquistas científicas debían fomentar la paz y la amistad entre los seres humanos "bajo una moral universal de dignidad". Los periódicos españoles informaron de sus visitas a Toledo y a Granada para conocer los palacios árabes. Luego regresó a París tras haber pasado por Murcia, Valencia y Barcelona.

Sin embargo, ningún viaje la emocionó tanto como el que la llevó de regreso a Varsovia. Nueve años atrás Bronia había emprendido una campaña para construir el Instituto del Radio polaco y Marie viajó a su país natal para poner la primera piedra. Ahora, el 29 de mayo de 1932, celebraban, por fin, la inauguración. El centro de investigación custodiaría el gramo de radio que habían donado los estadounidenses.

Marie se sentía cada vez más débil. Se había sometido a varias operaciones de cataratas, pero seguía viendo mal, necesitaba gafas gruesas para leer y caminaba con inseguridad. Aun así, seguía trabajando en el Instituto del Radio y, en casa, se afanaba en rematar una biografía breve de Pierre y en corregir las pruebas de un libro que iba a compendiar toda su obra científica.

Al fin, en la primavera de 1934 comenzaron a fallarle las fuerzas de verdad. Los médicos no hallaban el origen de su mal y pensaron que podía tratarse de tuberculosis, de modo que le recomendaron aire puro y reposo. Antes de partir para el sanatorio alpino de Sancellemoz, Marie habló con la señora Cotelle, su mano derecha en el Instituto del Radio.

–Ponga a buen recaudo el actinio* –le dijo–. Seguiremos trabajando con él a mi vuelta de vacaciones.

Después de un largo viaje en tren y media hora de trayecto en coche montaña arriba, Marie llegó al sanatorio con fiebre alta. Los análisis de sangre revelaron que sus niveles de glóbulos blancos y rojos eran muy bajos. El doctor Roch, al que mandaron venir de Ginebra, dio un diagnóstico fatal: Marie padecía anemia aplásica. La médula ósea* había dejado de producir células sanguíneas como consecuencia de los largos años de exposición a las radiaciones.

Desde su habitación, por la ventana abierta de par en par, Marie veía la cumbre nevada del Mont Blanc y el cielo azul.

–El aire puro me curará –decía.

–Claro, mamá –respondía Ève–. Vendrán a verte Irène, Frédéric y tus nietos, y haremos una excursión por la montaña.

Ève mentía con una sonrisa alegre y el corazón roto mientras la veía jadear, delirar a ratos, agitarse inquieta.

El 3 de julio Marie se encontró mejor. Era la mejoría que, a veces, antecede a los últimos momentos de vida, porque poco después, durante la madrugada del 4 de julio, la vida de Marie se apagó. Tenía 66 años.

El viernes día 6 al mediodía fue enterrada en el cementerio de Sceaux junto a Pierre. Al entierro tan solo asistieron su familia y unos pocos amigos. Sus hijas mandaron grabar en la lápida la siguiente inscripción:

MARIE CURIE-SKLODOWSKA 1867-1934

El 20 de abril de 1995 los restos de Marie y Pierre Curie fueron trasladados al Panteón de París.[36] Quedaron depositados en una cripta del monumental edificio, en cuya fachada se lee: "A los grandes hombres, el reconocimiento de la patria".

GLOSARIO Y NOTAS

GLOSARIO

actinio: elemento químico radiactivo más bien escaso que se encuentra en la pechblenda.
álgebra: rama de las matemáticas que estudia las operaciones abstractas.
almidonado: planchado con *almidón*, sustancia que deja la ropa suave y rígida.
almirez: mortero en el que se trituran sustancias.
altruista: que busca el bien ajeno sin pensar en el propio.
anemia: falta de hierro en la sangre que provoca debilidad y cansancio.
aparador: mueble en el que se guardan la vajilla y los manteles.
aviesa: mala.
avispado: que aprovecha las oportunidades con rapidez.
azorado: turbado, confundido.
bacilo: bacteria en forma de barra.
báculo: bastón que emplean los obispos como símbolo de su liderazgo espiritual con los fieles.
benjamina: hija más pequeña de una familia.
bulevar: calle ancha, despejada y con árboles.
cabaré: local nocturno en el que los clientes cenan mientras asisten a un espectáculo de música y baile.
calesa: coche de paseo tirado por caballos, abierto por delante y con techo plegable.
capilla ardiente: lugar donde se vela un cadáver antes del entierro.
cataratas: opacidad en el cristalino del ojo que acaba causando ceguera.
catedrático: profesor de la categoría más alta en la universidad.

clandestina: que se lleva a cabo ocultamente, a espaldas de la ley.
claraboya: ventana abierta en el techo o en la parte superior de la pared por donde entra la luz.
compungida: muy triste.
concienzuda: que pone mucha atención y cuidado en lo que hace.
cosaco: guerrero nómada establecido en parte de Rusia y Ucrania que se solía caracterizar como un bárbaro con largos bigotes.
cristalografía: rama de la geología que estudia las formas adoptadas por los cuerpos al cristalizar.
cróquet: juego que consiste en golpear unas bolas con un mazo y hacerlas pasar por unos arcos clavados en el suelo.
decano: cargo similar al de un director o presidente.
desaforado: desmedido, exagerado.
desfallecer: perder las fuerzas.
dinamo: generador de energía eléctrica.
disertar: dar una conferencia.
doctorado *honoris causa*: título honorífico que concede una universidad a alguien que destaca por sus logros profesionales.
dote: antiguamente, bienes que debía aportar la mujer al matrimonio.
electroscopio: instrumento que detecta la carga eléctrica de los cuerpos.
ermitaño: hombre que vive en soledad y lleva una vida sencilla y austera.
estival: veraniego.
estratagema: treta, truco.
expreso: tren que circula de noche y se detiene solo en algunas estaciones.
famélica: hambrienta.

férrea: dura y resistente como el hierro.
flamante: nuevo, resplandeciente.
fluorescencia: que refleja la luz.
frac: levita con dos faldones traseros que visten los hombres en las galas.
franco: unidad monetaria francesa anterior a la implantación del euro.
franquear: pasar, atravesar.
gendarme: en Francia, agente de policía.
hacer de tripas corazón: esforzarse por disimular el miedo o el disgusto.
hemiciclo: sala semicircular con gradas que sirven de asiento.
hidalgo: perteneciente al estamento más bajo de la nobleza.
infiernillo: cocinilla portátil.
infrarrojo: que tiene una gran longitud de onda y, aunque despide calor, es invisible.
ingeniero agrónomo: profesional que gestiona la explotación de la tierra y el ganado.
ingente: enorme.
inocua: inofensiva, que no hace daño.
institutriz: maestra que se encarga de educar a un niño en casa de este.
interino: que sustituye a otra persona.
jalear: animar a alguien con gritos y palmadas.
liceo: en algunos países, instituto, centro de enseñanza secundaria.
loza: barro cocido y pintado.
magnetismo: fuerza de atracción que los imanes ejercen sobre otros cuerpos.
mandilón: blusón que se pone sobre la ropa para no mancharla.
maquinal: automático, inconsciente.
mazurca: danza y composición musical polaca que se hizo muy popular en la segunda mitad del siglo XIX; en la *mazurca blanca*, las mujeres escogían a sus parejas de baile.
mecenas: persona adinerada que financia un proyecto artístico o científico.
médula ósea: sustancia blanca que se encuentra en el interior de los huesos.
nodriza: mujer que cría y amamanta a un bebé que no es suyo.

obelisco: monumento en forma de pilar con cuatro caras iguales y terminado en una punta piramidal.
oberek: danza polaca con giros y saltos.
ómnibus: vehículo semejante a un autobús.
pipeta: tubo de cristal ancho por el medio que sirve para trasladar pequeñas cantidades de líquido.
polca: danza y composición musical popular nacida en Polonia hacia 1830.
reclinatorio: mueble en el que se arrodilla la gente para rezar.
recrudecerse: empeorar.
resarcirse: compensar un daño.
reumático: causado por el *reuma*, enfermedad que provoca la inflamación de las articulaciones.
rublo: moneda oficial de Rusia y también, en aquella época, de los países sometidos al zar, como Polonia.
rudimentario: simple, básico.
sala de disecciones: lugar en el que se manipula un cadáver para estudiarlo.
salvoconducto: permiso oficial para trasladarse de un lugar a otro.
separata: impresión por separado de un artículo publicado en una revista.
telegrafía: véase, abajo, *telegrama*.
telegrama: mensaje muy breve que se pagaba por palabras y se enviaba mediante *telegrafía*, sistema de comunicación hoy en desuso que funcionaba con unos aparatos conectados por hilos a través de la corriente eléctrica.
tifus: enfermedad infecciosa que transmiten los piojos, pulgas o ácaros, y que provoca fiebre alta, dolor de cabeza, diarrea y manchas en la piel.
trapecio: aparato gimnástico consistente en un palo horizontal suspendido de dos cuerdas por los extremos.
truculento: morboso, retorcido.
vespertina: que aparece a última hora de la tarde.
virulencia: maldad.
zarévich: en la antigua Rusia, príncipe, hijo del zar.

NOTAS

1 La Estación del Norte es, desde mediados del siglo XIX, la estación de tren más importante y frecuentada de París.
2 En 1772 Rusia, Austria y Prusia aprovecharon el progresivo debilitamiento de Polonia tras la Gran Guerra del Norte y la Guerra de Sucesión para repartirse el territorio del país.
3 En la década de 1830 París fue el primer centro urbano en alumbrar sus calles con farolas de gas, de ahí quizás el sobrenombre de *Ciudad de la Luz.* A finales del siglo XIX la capital era un importante centro de irradiación cultural gracias, por ejemplo, a la labor de los pintores impresionistas (Monet, Degas, Renoir, Cassat...), que se habían dado a conocer en 1874, y a espectáculos como los del Moulin Rouge, que, inaugurado en 1889, contaba entre sus clientes asiduos al artista Tolouse-Lautrec.
4 La Universidad Volante era, como se explica unas páginas más adelante, una organización académica secreta, prohibida por las autoridades rusas, en la que un grupo reducido de estudiantes recibía las lecciones de varios profesores universitarios comprometidos con los valores obreros y con el nacionalismo polaco.
5 La Villette era un barrio de las afueras de París, situado junto a un gran parque, que hoy forma parte de la ciudad.
6 Maria y Kazimierz admiran los monumentos más emblemáticos de París, como el Arco de Triunfo, que Napoleón mandó construir para conmemorar su victoria en la batalla de Austerlitz, o la catedral gótica de Notre Dame. La recién inaugurada Torre Eiffel sirvió de entrada a la Exposición Universal de París que, entre el 6 de mayo y el 31 de octubre de 1889, recibió a 28 millones de visitantes. Estas exposiciones, que comenzaron a celebrarse a mediados del siglo XIX, eran ferias comerciales y científicas en las que visitantes del mundo entero conocían las últimas novedades tecnológicas.
7 Kazimierz Dluski, diez años mayor que Bronia, era un hombre muy querido por los exiliados polacos. De familia aristocrática y comprometida con los revolucionarios, en su país natal frecuentó círculos socialistas. En 1881, el zar Alejandro II fue asesinado por el revolucionario Nikolái Rysakov. Pese a que estaba en Ginebra, a Dluski lo consideraron sospechoso de participar en el atentado. El nuevo zar, Alejandro III, recrudeció la represión sobre sus opositores y Dluski se exilió a París.
8 En polaco, la terminación del apellido varía en función del género, de ahí, como veremos, que el padre de Marie se apellide Sklodowski y su mujer y e hijas, Sklodowska.
9 Como se apunta más adelante, los nacionalistas polacos se levantaron contra las autoridades en 1831 y 1863.
10 La Riviera francesa o Costa Azul, en el litoral sudeste francés, es desde el siglo XIX uno de los destinos de vera-

neo predilectos de la burguesía y la aristocracia europea.

11 Ivan Krylov (1769-1844) fue un escritor ruso célebre por sus comedias satíricas y sus fábulas de animales, inspiradas en las de Esopo y La Fontaine.

12 La emperatriz de Rusia Catalina la Grande (1729-1796) ha pasado a la historia como una dirigente de mano dura, pero también como una promotora de las artes adepta a los principios de la Ilustración. Su hijo Pablo I (1754-1801) heredó el trono y a este le siguieron Alejandro I (1777-1825) y Nicolás I (1796-1855). En cuanto al reaccionario Alejandro II (1818-1881), que impuso una severa censura a los ciudadanos, fue zar del Imperio ruso durante la infancia y juventud de Marie Curie (véase también n. 7).

13 *Lancet* es un término inglés que significa *lanceta* ('pequeño cuchillo que empleaban los cirujanos para operar'). *The Lancet* es, además, el título de una conocida revista médica británica fundada en 1823.

14 Los Zamoyski eran una familia noble muy influyente en Polonia. Entre sus posesiones se contaba el majestuoso Palacio Azul, erigido en el siglo XVII y conocido con este nombre por el color de sus tejados.

15 El célebre compositor y pianista Frédéric Chopin (1810-1849) escribió, entre otras piezas, algunas *polonesas* ('danzas y melodías típicas de Polonia') que se hicieron muy populares.

16 El *positivismo* es un método de conocimiento surgido en el siglo XIX que aboga por el empirismo y da preponderancia a los fenómenos materiales. El *marxismo*, método de análisis socioeconómico inspirado en las ideas de Karl Marx (1818-1883) y Friedrich Engels (1820-1895), rechaza el capitalismo y la sociedad de clases.

17 El británico Charles Darwin escribió el polémico y revolucionario *El origen de las especies* (1859), el científico francés Louis Pasteur (1822-1895) desarrolló un método para eliminar los gérmenes y su compatriota Claude Bernard (1813-1878) fundó la medicina experimental.

18 El escritor y periodista polaco Aleksander Prus (1847-1912), conocido con el pseudónimo de Boleslaw Prus, escribió cuentos y novelas de corte histórico y realista.

19 De la *remolacha*, y en concreto de la remolacha azucarera, se obtiene azúcar. En la Europa del siglo XIX se extendieron las plantaciones de esta variedad y las fábricas donde se trabajaba con ella.

20 Casimiro III fue rey de Polonia entre 1333 y 1370, y Nicolás Copérnico (1473-1543) un monje y astrónomo prusiano que demostró que la Tierra gira alrededor del sol. Al citar a estos dos personajes y a Chopin (véase n. 15), la protagonista apela a figuras relevantes de la historia polaca.

21 La Estación del Este o de París Este, inaugurada en 1849, es una de las grandes estaciones ferroviarias de la capital francesa.

22 En el céntrico Barrio Latino se alojaban los estudiantes universitarios de París ya en la Edad Media. Las clases se impartían en latín, de ahí su nombre.

23 El bulevar de Sebastopol es una calle ancha y arbolada que se construyó a mediados del siglo XIX, durante la transformación urbanística de París. Sobre Notre Dame y la Torre Eiffel, véase n. 6.

24 Aunque la prestigiosa Universidad de la Sorbona se fundó en 1257, sus aulas y anfiteatros se reconstruyeron entre 1885 y 1891, de ahí los *andamios* y el Gran Anfiteatro recién inaugurado que contempla Marie.

25 La cita procede de Carole Christen-Lécuyer, "Les premières étudiantes de l'Université de Paris", *Travail, genre et sociétés*, 4 (2000).
26 Ignacy Paderewski (1860-1941) fue un pianista, compositor y político polaco. Luchador por los derechos de sus compatriotas, en 1919 se convirtió en el primer ministro de Polonia tras la independencia del país.
27 Los Jardines de Luxemburgo datan de principios del siglo XVII, cuando Maria de Médicis mandó construirlos alrededor de su palacio. Luego se ampliaron varias veces y, ya en el XIX, se convirtieron en uno de los lugares predilectos de los parisinos para pasear y relajarse.
28 La región costera de la Bretaña, en el oeste de Francia, se convertiría al cabo de los años en el lugar de descanso y veraneo predilecto de Marie Curie.
29 Un *elemento químico* es la forma más simple y pura de una sustancia, aquella que ninguna reacción química logra descomponer en otros elementos.
30 El terremoto que el 18 de abril de 1906 hizo temblar la ciudad norteamericana de San Francisco provocó unos diez mil muertos y grandes daños materiales. El seísmo desató un incendio que, asimismo, fue catastrófico para la ciudad y sus habitantes.
31 Se trata, como se ha apuntado antes, de la Primera Guerra Mundial o Gran Guerra, que había estallado unas semanas antes con el asesinato del archiduque Francisco Fernando de Austria. El crimen desató una crisis diplomática y los países se unieron de acuerdo con las alianzas que habían ido formando en las últimas décadas.
32 «La Marsellesa» es, desde finales del siglo XVIII y con algunos paréntesis, el himno nacional de Francia.
33 La condesa Greffulhe (1860-1952) se consagró al apoyo y mecenazgo de científicos y artistas, entre ellos el escultor Auguste Rodin (1840-1917), autor de «El pensador», o el escritor Marcel Proust (1871-1922), que dio a la imprenta el ciclo novelesco *En busca del tiempo perdido*.
34 En 1918 una terrible pandemia de gripe se expandió a lo largo y ancho del mundo. Aunque se le dio el nombre popular de «gripe española», en realidad fue diagnosticada por vez primera en Estados Unidos. La epidemia hizo estragos en el frente bélico y se estima que mató a entre cincuenta y cien millones de personas.
35 Polonia consiguió la ansiada independencia de los rusos en noviembre de 1918, con la firma del Armisticio de Compiègne. Posteriormente, el Tratado de Versalles reconoció internacionalmente la independencia del país y acabó de establecer sus fronteras tras décadas de división.
36 En el Panteón de París, un edificio neoclásico erigido a mediados del siglo XVIII en el Barrio Latino, están enterradas algunas de las figuras más importantes de la Francia moderna, como Voltaire, Alexandre Dumas, Victor Hugo o Soufflot, el arquitecto que diseñó el monumento.

ACTIVIDADES

EL MUNDO DE MARIE CURIE

Infancia y juventud

Para Maria, la más pequeña de todas sus hermanas, eran sumamente importantes la **familia** y sus **raíces polacas**. Los Sklodowski estaban muy unidos, y las dificultades familiares, políticas y económicas a las que hubieron de hacer frente no lograron erosionar los fuertes vínculos que los unían.

- **a** ¿Qué orígenes tenía el padre, Wladyslaw Sklodowski? (p. 15) ¿A qué se dedicaba la madre antes de casarse? ¿Qué ambiente científico y cultural se vivía en la casa? (pp. 13-14 y 28) ¿Y qué tipo de educación recibía Maria en la escuela? (pp. 19-22)

- **b** ¿Qué desgracias tuvieron que afrontar los Sklodowski cuando Maria era una niña? (pp. 15, 16-18 y 23-24) ¿Cómo consiguió rehacerse la familia? Pese a todo, ¿qué experiencias especialmente felices y placenteras vivió la pequeña Manya? (pp. 18 y 30)

Maria no era la única que heredó la **vocación científica** del padre. Józef, por ejemplo, estudió Medicina. En cuanto a Bronia, que también deseaba ser doctora,

- **c** ¿Con qué dificultades se encontró para poder estudiar una carrera? (pp. 25 y 31) ¿Qué solución halló Maria para satisfacer sus aspiraciones y las de Bronia? (p. 34) Por otro lado, ¿qué era la Universidad Volante? (p. 32) ¿Qué consecuencias tuvo en la conciencia social y política de la protagonista?

Antes de viajar a París, Maria trabajó de **profesora e institutriz** para diversas familias.

d ¿Le resultaba satisfactoria esta ocupación? (pp. 31, 37, 42...) Durante su larga estancia con los Zorawski, ¿qué labor de índole social se empeñó en llevar a cabo? (pp. 38-39) ¿Qué tremendo desengaño se llevó en esta etapa de su vida? (pp. 40-42)

De Polonia a París

Los **cambios de nombre** de la protagonista jalonan su evolución antes de convertirse en una científica célebre y prestigiosa. Así, sus distintos nombres subrayan el lugar que ocupaba en el ámbito familiar, su primera estancia adulta lejos de Varsovia, la llegada a París tan largamente deseada...

a ¿Quiénes le daban el apelativo de Manya? (p. 7) ¿Cuándo pasó a ser Maria? (p. 36) ¿En qué momento decidió adoptar el nombre de Marie? (p. 42)

Durante su **primera etapa parisina**, Marie vivió en casa de Bronia y Kazimierz Dluski, dos personajes populares y admirados tanto en los círculos nacionalistas polacos como entre los obreros y las gentes desfavorecidas del entorno de La Villette.

b ¿A qué se dedicaban Bronia y Kazimierz? (pp. 10-12 y 44) ¿Por qué él era especialmente conocido entre sus compatriotas? (p. 12 y nota 7) Pese al cariño que les tenía a los Dluski, ¿qué empujó a Marie a vivir sola? (pp. 44-45)

El **tesón**, la **capacidad de sacrificio** y el **extraordinario talento** de Marie brillaron especialmente durante sus primeros cursos en la Sorbona.

c ¿Qué tipo de vida llevaba? (pp. 45-47) ¿Con qué profesores eminentes estudió? (p. 44) ¿Qué resultados obtuvo? (p. 48)

Pese a sus reticencias a casarse, la relación con **Pierre Curie** marcó un antes y un después en la vida de Marie.

d ¿Qué propició que ambos se conocieran? (pp. 49-50) ¿Cómo era Pierre? (pp. 50-51) ¿Qué reputación científica tenía y por qué? ¿Qué firmes propósitos quebraron ambos al enamorarse y, finalmente, contraer matrimonio? (pp. 51 y 53)

El matrimonio Curie

A diferencia de otras parejas del mundo científico y artístico, Marie no tuvo que trabajar en la sombra para su marido: ambos colaboraron abiertamente codo con codo. Es más, Pierre incluso abandonó su investigación para consagrarse a la de Marie (p. 62).

a ¿Qué hallazgos inspiraron la **nueva línea de investigación** del matrimonio? (pp. 57-58)

b ¿Por qué Marie le dedicó tanta atención a la pechblenda? (p. 62) ¿Cuál fue el **primer elemento químico** que descubrieron ella y Pierre? ¿Por qué le puso ese nombre Marie? ¿Quién divulgó el descubrimiento? ¿Qué **neologismo** acuñó la científica?

c ¿Qué condujo a los Curie a seguir investigando las propiedades de la pechblenda? (pp. 63-64) ¿Con qué obstáculos tropezaron y cómo consiguieron sortearlos? (pp. 64-65) ¿Con qué resultados científicos se saldaron sus esfuerzos? (p. 67) ¿Y qué reconocimientos recibieron? (pp. 69-70) Al mismo tiempo, ¿cómo consiguió Marie conciliar su actividad científica con la maternidad? (pp. 60, 72, 75…)

La vida de los Curie se vio repentinamente truncada a causa del **accidente mortal** que sufrió Pierre.

d ¿Qué le ocurrió? (pp. 75-76) ¿Cómo reaccionó Marie? (pp. 77-81) ¿Qué le ofrecieron los amigos de Pierre y qué respondió ella? (p. 82) Sin embargo, ¿qué ofrecimiento aceptó y qué nueva barrera rompió al hacerlo?

Vida pública y privada

Marie Curie tuvo una **vida plena**: desarrolló una intensa y exitosa carrera científica, pero también disfrutó del amor y de la **maternidad**. Aunque no fue una madre muy expresiva, amaba sus hijas y veló cuidadosamente por su **educación**. Así,

a ¿Qué tipo de educación quiso que recibieran Ève e Irene? (pp. 85-86) ¿Qué carreras profesionales desarrollarían sus hijas con el paso del tiempo?

Como hemos visto, Marie sufrió lo indecible tras la inesperada muerte de Pierre. Al cabo de un tiempo se **enamoró** de su colega Paul Langevin.

b No obstante, ¿qué repercusiones públicas tuvo la relación de ambos? (pp. 88-90) ¿Hasta qué punto fue víctima Marie de los **prejuicios machistas y xenófobos** incrustados en la sociedad de su tiempo? ¿Qué galardón científico coincidió con el escándalo de Langevin?

Uno de los episodios más importantes de la vida de Marie Curie fue su participación en la **Primera Guerra Mundial**.

c ¿Qué necesidad imperiosa llevó a la científica a viajar al frente de guerra? (p. 92) ¿Qué procedimiento seguía para ayudar a los heridos? (p. 93) ¿Qué eran las «pequeñas Curie» y cómo consiguió reunirlas? (pp. 93-94) ¿A cuántas personas atendieron estas unidades radiológicas? (p. 96)

En sus **últimos años**, Marie Curie gozó de numerosos reconocimientos y homenajes a lo largo y ancho del mundo mientras seguía trabajando en el Instituto del Radio. A la vez, no obstante, su salud se iba apagando poco a poco.

d ¿Qué donativo y qué homenaje le hicieron en Estados Unidos? (pp. 97-100) ¿Quién fue la impulsora del homenaje y por qué?

e ¿Qué graves dolencias aquejaban a Marie Curie? (pp. 63, 70, 72 y 101-102) ¿Qué enfermedad acabó con su vida? ¿Cuál fue el origen de esta afección?

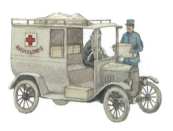

DESCUBRIMIENTOS DE LOS CURIE. MUJERES CIENTÍFICAS

Contextos

Marie Curie desarrolló su carrera en una **época de esplendor artístico y científico**, repleta de hallazgos y estímulos intelectuales.

a ¿Qué imagen de París, la ciudad adoptiva de Marie, se tenía en la época? (pp. 8-9 y 43)

b ¿De qué **avances científicos** pudo beneficiarse Marie Curie para llevar a cabo sus investigaciones? (pp. 57-58 y 60) ¿Se te ocurre algún otro avance fundamental en el campo de la medicina divulgado por aquellos años?

Los nombres de Marie y Pierre Curie se asocian con la radiactivad y con el descubrimiento del **polonio** y el **radio**.

c ¿Qué pasos dieron los Curie para hallar esos dos elementos? (pp. 58-60, 62 y 63-67) ¿A qué obstáculos técnicos y materiales tuvieron que hacer frente para aislar ambos elementos? ¿Con qué ayudas contaron?

d ¿Qué es la **radiactividad**? ¿Qué aplicaciones médicas le dieron a esta propiedad ya en tiempos de Marie Curie? (pp. 72-73 y 91) En concreto, ¿cómo se empleó la radiactividad en la Primera Guerra Mundial? (pp. 92-94 y 96)

e ¿En qué consistió la moda radiactiva? (pp. 71-72 y 74) ¿Qué anécdota protagonizada por Loie Fuller dejó estupefactos a los Curie?

f No obstante, ¿qué peligros encerraba el abuso de la radiactividad? (pp. 72, 74, 93 y 100) ¿Qué experimento hizo Pierre para comprobar esos peligros? ¿Cómo afectó la radiactividad a la salud de Marie? (pp. 63, 70, 72 y 101-102)

Con el paso del tiempo, los hallazgos del matrimonio Curie se vieron ampliados por las **contribuciones de otros científicos**, entre ellos Albert Einstein.

g Averigua cómo han evolucionado los estudios sobre la radiactividad y qué usos se hacen hoy de ella.

Otro aspecto digno de atención en la carrera de Marie Curie fue su **altruismo**.

h ¿En qué gestos de Marie se pone de manifiesto su preocupación por el bien ajeno aun a costa del propio? (pp. 74, 85, 98 y 101) ¿Conoces el caso de algún científico que actuara de una manera similar? A tu juicio, ¿el espíritu científico de hoy también se caracteriza por ese altruismo? Justifica tu respuesta.

Mujeres científicas

La joven Maria Sklodowska abandonó su país natal a causa de las dificultades que tenía para estudiar allí. En Polonia,

a ¿Iban las **mujeres** a la universidad? (pp. 20 y 31) ¿Por qué? ¿En qué institución clandestina estudió la protagonista? (p. 32) ¿Cómo influyó esta institución en su modo de entender el mundo y en su labor social?

b ¿Con qué **obstáculos académicos** tropezaban las mujeres francesas que querían matricularse en la universidad? (p. 44) ¿Qué sucedió en la Sorbona en enero de 1893? Desde este punto de vista, ¿crees que Marie Curie rompió algún «techo de cristal» en la prestigiosa universidad? (pp. 44, 48, 69-70 y 82-84) ¿Por qué?

A lo largo de su carrera científica, Marie Curie tuvo que hacer frente no solo a los **prejuicios machistas**, sino también **xenófobos**.

c En este sentido, ¿qué impidió su acceso a la Academia de las Ciencias francesa? (pp. 86-88) ¿Cómo la trató la prensa a raíz del escándalo Langevin? (pp. 88-90) A tu juicio, ¿se vio perjudicada por el hecho de ser mujer en algún otro momento de su carrera? Si es así, ¿en cuál?

Aunque en general la **historia** no ha sido justa con las mujeres y, en concreto, con las mujeres que hicieron alguna contribución al progreso y a la ciencia, en los últimos años se han reivindicado los logros y hallazgos de muchas de ellas: Hipatia de Alejandría, Caroline Herschel, Sophie Germain, Ada Lovelace, Lise Meitner, Hedy Lamarr, Rosalind Franklin, Margarita Salas…

d Averigua por qué merecen pasar a la historia cada una de ellas y añade al menos otros dos nombres a la lista.

CUCAÑA BIOGRAFÍAS

1. Liu Si-yuan y Montserrat Fullà
   El Jefe Seattle.
   La voz de un pueblo desterrado
   Ilustraciones de Robert Ingpen

2. K. T. Hao y Montserrat Fullà
   Scott y Amundsen.
   La conquista del Polo Sur
   Ilustraciones de Robert Ingpen

3. Yue Hain-jun y Joan M. Soldevilla
   Marco Polo.
   La ruta de las maravillas
   Ilustraciones de Robert Ingpen

4. Eduardo Murias y Antonio Rey
   Cervantes.
   Un escritor en busca de la libertad
   Ilustraciones de Jesús Gabán

5. Paola Capriolo
   Rosa Parks.
   La lucha contra el racismo
   Ilustraciones de Tha

6. Michael Rosen
   William Shakespeare.
   Vida y obra de un escritor genial
   Ilustraciones de Robert Ingpen

7. Eduardo Alonso
   Ana Frank.
   La memoria del Holocausto
   Ilustraciones de Tha

8. Dario Long
   Supervivientes.
   Relatos sobre supervivientes
   a situaciones extremas
   Ilustraciones de Kerry Hyndman

9. Eduardo Alonso
   Marie Curie.
   Una vida consagrada a la ciencia
   Ilustraciones de Alfonso Ruano

10. Diane Cook y Rebeca Martín
    Miguel Ángel.
    El artista total
    Ilustraciones de Iassen Ghiuselev

CUCAÑA

1. Oscar Wilde
   **El Gigante egoísta
   y otros cuentos**
   Ilustraciones de P. J. Lynch

2. Steven Zorn
   Relatos de fantasmas
   Ilustraciones de John Bradley

3. William Irish
   **Aprendiz de detective
   Un robo muy costoso**
   Ilustraciones de Rubén Pellejero

4. Edith Nesbit
   Melisenda
   Ilustraciones de P. J. Lynch

5. Isaac Asimov
   Amigos robots
   Ilustraciones de D. Shannon

6. Martin Waddell
   **La Biblia. Historias
   del Antiguo Testamento**
   Ilustraciones de G. Patterson

7. Varios autores
   **Arroyo claro, fuente serena.
   Antología lírica infantil**
   Ilustraciones de C. Ranucci

8. Cornell Woolrich
   **El ojo de cristal
   Charlie saldrá esta noche**
   Ilustraciones de Tha

9. Varios autores
   **La rosa de los vientos
   Antología poética**
   Ilustraciones de Jesús Gabán

10. L. Frank Baum
    El mago de Oz
    *Adaptación de Germán Vives
    Ilustraciones de Robert Ingpen*

11. Reiner Zimnik
    Los tambores
    Ilustraciones de Reiner Zimnik

12. Mary Hoffman
    Un tirón de la cola
    Ilustraciones de Jan Ormerod

13. Anónimo
    **El jorobado y otros cuentos
    de «Las mil y una noches»**
    *Versión de Brian Alderson
    Ilustraciones de M. Foreman*

14. Rudyard Kipling
    Las aventuras de Mowgli
    Ilustraciones de Inga Moore

15. Horacio Quiroga
    **Anaconda
    y otros cuentos de la selva**
    Ilustraciones de A. Domínguez

16. Hans Christian Andersen
    La Reina de las Nieves
    Ilustraciones de P. J. Lynch

17. Varios autores
    **La Bella y la Bestia
    y otros cuentos maravillosos**
    Ilustraciones de P. J. Lynch

18. Charles Perrault
    Riquete el del Copete
    Ilustraciones de Jean Claverie

19. Anónimo
    Simbad el marino
    Adaptación de Agustín Sánchez
    Ilustraciones de Amélie Veaux

20. Daniel Defoe
    Robinson Crusoe
    Adaptación de Eduardo Alonso
    Ilustraciones de Robert Ingpen

21. Eduardo Soler
    Atina y adivina
    Ilustraciones de N. López Vigil

22. Victor Hugo
    El jorobado de Notre Dame
    Adaptación de Miguel Tristán
    Ilustraciones de A. Urdiales

23. Jerry Pinkney
    Fábulas de Esopo
    Ilustraciones de Jerry Pinkney

24. Hugh Lupton
    **La voz de los sueños
    y otros cuentos prodigiosos**
    Ilustraciones de Niamh Sharkey

25. Charles Dickens
    Cuento de Navidad
    Adaptación de P. Antón Pascual
    Ilustraciones de C. Birmingham

26. Horacio Quiroga
    El devorador de hombres
    Ilustraciones de François Roca

27. Steven Zorn
    Relatos de monstruos
    Ilustraciones de John Bradley

28. Rudyard Kipling
    **Los perros rojos
    El ankus del rey**
    Ilustraciones de Francisco Solé

29. Miguel de Cervantes
    Don Quijote
    Adaptación de Agustín Sánchez
    Ilustraciones de Svetlin

30. Brendan Behan
    El príncipe y el gigante
    Ilustraciones de P. J. Lynch

31. H. C. Andersen
    **El ruiseñor
    y otros cuentos**
    Ilustraciones de C. Birmingham

32. Juan Ramón Jiménez
    Estampas de *Platero y yo*
    Selección de J. R. Torregrosa
    Ilustraciones de Jesús Gabán

33. G. A. Bürger
    **Las aventuras del barón
    de Munchausen**
    Adaptación de Eduardo Murias
    Ilustraciones de Svetlin

34. Jonathan Swift
    Los viajes de Gulliver
    Adaptación de Martin Jenkins
    Ilustraciones de Chris Riddell

35. Charles Dickens
    Oliver Twist
    Adaptación de Pablo Antón
    Ilustraciones de C. Birmingham

36. Juan Ramón Jiménez
   El iris mágico. Antología lírica
   Selección de J. R. Torregrosa
   Ilustraciones de Jesús Gabán

37. Mino Milani
   Un ángel, probablemente
   Ilustraciones de G. De Conno

38. Rudyard Kipling
   Kim
   Adaptación de Eduardo Alonso
   Ilustraciones de F. Solé y F. del Amo

39. Agustín Sánchez Aguilar
   La leyenda del Cid
   Ilustraciones de Jesús Gabán

40. Walter Scott
   Ivanhoe
   Adaptación de Manuel Broncano
   Ilustraciones de John Rush

41. Jules Verne
   Miguel Strogoff
   Adaptación de J.M. Pérez Zúñiga
   Ilustraciones de Javier Serrano

42. Joanot Martorell
   Tirante el Blanco
   Adaptación de Ismael Torres
   Ilustraciones de Jesús Gabán

43. Colin McNaughton
   Jolly Roger
   Ilustraciones de C. McNaughton

44. Maria Angelidou
   Mitos griegos
   Ilustraciones de Svetlin

45. Carlo Collodi
   Pinocho
   Adaptación de Agustín Sánchez
   Ilustraciones de Robert Ingpen

46. Charles Dickens
   Historia de dos ciudades
   Adaptación de J.R. Torregrosa
   Ilustraciones de Victor Ambrus

47. Miguel Hernández
   Corazón alado.
   Antología poética
   Selección de J.R. Torregrosa
   Ilustraciones de Jesús Gabán

48. J.M. Barrie
   Peter Pan
   Adaptación de Agustín Sánchez
   Ilustraciones de Robert Ingpen

49. Robert L. Stevenson
   La isla del tesoro
   Adaptación de Francisco Antón
   Ilustraciones de Robert Ingpen

50. Sonya Hartnett
   El burrito de plata
   Ilustraciones de Laura Carlin

51. Peninnah Schram
   El rey de los mendigos
   y otros cuentos hebreos
   Ilustraciones de G. De Conno

52. Arthur Conan Doyle
   El misterio de los bailarines
   Lucero de Plata
   Ilustraciones de Tha

53. Hans Christian Andersen
   La sirenita
   Ilustraciones de C. Birmingham

54. Mark Twain
   Tom Sawyer
   Adaptación de J.M. Pérez Zúñiga
   Ilustraciones de Robert Ingpen

55. Frances Hodgson Burnett
    El jardín secreto
    Adaptación de Rebeca Martín
    Ilustraciones de Inga Moore

56. Reinhardt Jung
    El libro de los relatos perdidos de Bambert
    Ilustraciones de Emma C. Clark

57. Ted Hughes
    El Hombre de Hierro
    Ilustraciones de Laura Carlin

58. José María Merino
    El oro de los sueños
    Ilustraciones de Jesús Gabán

59. Jesús Ballaz
    La laguna de oro y otras leyendas de América Latina
    Ilustraciones de Jesús Gabán

60. Charles Dickens
    Grandes esperanzas
    Adaptación de J.M. Pérez Zúñiga
    Ilustraciones de I. Ghiuselev

61. Gabriel García Márquez
    Relato de un náufrago
    Ilustraciones de G. De Conno

62. Robert Swindells
    Mitos y leyendas del Antiguo Egipto
    Ilustraciones de S. Lambert

63. Arthur Conan Doyle
    El hombre del labio torcido
    El carbunclo azul
    Ilustraciones de Tha

64. R. L. Stevenson
    El diablo de la botella
    El ladrón de cadáveres
    Ilustraciones de G. De Conno

65. Vicente Blasco Ibáñez
    Cuentos escogidos
    Ilustraciones de Francisco Solé

66. Martin Baltscheit
    Solo un día
    Ilustraciones de Jesús Gabán

67. Ulrich Hub
    En el Arca a las ocho
    Ilustraciones de Jörg Mühle

68. Catherine Gendrin
    Cuentos del olivo
    Ilustraciones de Judith Gueyfier

69. Jules Verne
    Veinte mil leguas de viaje submarino
    Adaptación de E. Alonso
    Ilustraciones de Tha

70. Martin Baltscheit
    El oso y la corneja
    Ilustraciones de Wiebke Rauers

71. Jules Verne
    Viaje al centro de la Tierra
    Adaptación de Eduardo Alonso
    Ilustraciones de I. Ghiuselev

72. Antoine de Saint-Exupéry
    El principito
    Ilustraciones de Michael Foreman

73. Kenneth Grahame
    El dragón bondadoso
    Ilustraciones de Inga Moore

74. Mary Joslin
    Cuentos sabios
    Ilustraciones de Christina Balit

75. L. Frescura y M. Tomatis
    Massimo no tiene arreglo
    Ilustraciones de Eugenia Ábalos

76. Federico García Lorca
**Rumor de verde luna.
Antología poética**
*Selección y notas de
J. R. Torregrosa y P. Antón
Ilustraciones de Alfonso Ruano*

77. Dick King-Smith
Babe, el cerdito valiente
Ilustraciones de Tha

78. Anna Sewell
Belleza Negra
*Adaptación de J. M. Pérez Zúñiga
Ilustraciones de C. Birmingham*

79. Savior Pirotta
**El bailes de los fantasmas
y otros cuentos escalofriantes**
Ilustraciones de Paul Hess

80. Bruno Tognolini
El cartelero
Ilustraciones de G. De Conno

81. Homero
La Ilíada
*Adaptación de Gillian Cross
Ilustraciones de Neil Packer*

82. Homero
La Odisea
*Adaptación de Gillian Cross
Ilustraciones de Neil Packer*

83. O. Henry
Susan Wojciechowski
**El regalo de los Reyes Magos
El milagro navideño de Jonás
Tristán**
Ilustraciones de P. J. Linch